国家级职业教育规划教材

全国中等职业技术学校旅游服务与管理专业教材

旅行社业务

LÜXINGSHE YEWU

人力资源社会保障部教材办公室 组织编写

黎 泉◎主编

第二版

中国劳动社会保障出版社

简介

本教材共分为八章，首先介绍了旅行社和旅行社业务基础知识，然后对旅行社前台、计调部、导游部、票务部、销售部和广告部、旅游车队、后勤部和财务部等部门的职责和业务范围进行了讲解。教材结构科学严谨，内容易学易懂，表现形式丰富，适于中等职业技术学校教学使用。

本教材由黎泉任主编，何玉莹参加编写，李善奴主审。

图书在版编目（CIP）数据

旅行社业务 / 黎泉主编. —2 版. —北京：中国劳动社会保障出版社，2017
全国中等职业技术学校旅游服务与管理专业教材
ISBN 978-7-5167-2904-5

Ⅰ. ①旅… Ⅱ. ①黎… Ⅲ. ①旅行社 – 业务管理 – 中等专业学校 – 教材 Ⅳ. ① F590.63

中国版本图书馆 CIP 数据核字（2017）第 113416 号

中国劳动社会保障出版社出版发行
（北京市惠新东街 1 号　邮政编码：100029）
*
北京市科星印刷有限责任公司印刷装订　　新华书店经销
787 毫米 ×1092 毫米　16 开本　7 印张　123 千字
2017 年 5 月第 2 版　　2024 年12月第 6 次印刷
定价：14.00 元

营销中心电话：400-606-6496
出版社网址：http://www.class.com.cn
http://jg.class.com.cn

前　言

近年来，我国旅游业发展迅速，产业规模不断扩大，国家对旅游从业人员的职业素养和知识、技能水平提出了更高的要求。为了适应行业的发展以及职业学校教学的需求，我们对全国中等职业技术学校旅游服务与管理专业教材进行了修订。

在新一轮的教材修订工作中，我们收集了旅游企业对于技能型人才的具体要求以及学校使用教材的反馈意见，组织骨干教师与行业、企业专家进行充分研讨，确定重点做好以下几方面工作：

◆ 更新教材内容　根据旅游业的发展变化，补充有关旅游服务与管理的最新理念，以及在线预订、智能系统等互联网时代出现的新方法、新技术，更新与旅游有关的人文信息，使教材内容更加具有时代感和前瞻性。进一步加大技能训练的比重，在导游实务、旅行社业务等主要技能课教材中，更多地加入实践案例和操作指导，有助于学校开展一体化教学。同时，将职业道德、服务意识、礼仪规范等有机融入到教学内容、课堂问答、课后训练等环节中，以加强对学生职业素质的培养。

◆ 提升教材表现力　通过设置“案例思考”“知识链接”“课堂讨论”等不同栏目，增加教材的亲和力，激发学生的学习兴趣。同时，尽可能多地以图表代替冗长的文字叙述，使教材更加生动直观，易于学习。

◆ 加强立体化资源建设　在修订教材的同时，补充开发配套的电子课件。电子课件可通过职业教育教学资源和数字学习中心（http: //zyjy.class.com.cn）免费下载。

本套教材的编写得到了有关省市人力资源和社会保障部门以及一批中等职业技术学校的大力支持，教材的编审人员做了大量的工作，在此，我们表示衷心的感谢！同时，恳切希望广大读者对教材提出宝贵的意见和建议。

人力资源社会保障部教材办公室

目　录

第一章

chapter 1

旅行社和旅行社业务概述

旅行社将分散的、个别进行的旅游活动社会化，通过所提供的旅行社业务完成旅游客源的组织和旅游产品的生产，起到联络游客与旅游目的地、协调不同旅游企业关系的作用。

学习目标

- 掌握旅行社的概念
- 了解旅行社业的发展概况
- 掌握旅行社常见业务部门的设置模式

第一节 旅 行 社

一、旅行社的概念

旅行社是依法设立并具有法人资格，从事招徕、接待游客，组织旅游活动，实行独立核算的企业。设立旅行社应具备足够的营业用房和规定的办公设备，聘用具有国家旅游局颁发的任职资格证书的从业人员，以及有规定数量的注册资金和质量保证金。

旅行社和旅游业是相伴而生的，旅行社随着旅游业的发展而发展。21 世纪，旅游业已成为全球经济中发展势头最强劲和规模最大的产业之一，世界范围内的旅行社数不胜数，仅中国的旅行社就已超过万家。

二、旅行社的分类

为了加强对旅行社的管理，国务院于 1985 年颁布了中国旅行社行业的第一部管理法规——《旅行社管理暂行条例》。该条例将我国旅行社分为三类：一类旅行社，经营范围是从事对外招徕和接待海外游客来华旅游；二类旅行社，经营范围是从事接待由一类旅行社和其他涉外部门组织来华的海外游客；三类旅行社，仅经营国内旅游业务。

随着旅游市场的发展，境外游的品种和规模不断扩大，我国的国内旅游也渐渐兴起，1992 年国内旅游人数达到 3.3 亿人次。随着客源市场的变化，旅行社的业务也随之进行调整。1996 年颁布的《旅行社管理条例》对我国旅行社的分类做了新的调整，将旅行社分为国际旅行社和国内旅行社两类。但是伴随着旅游业的迅速发展，新情况、新问题不断出现，旅行社在经营体制、经营模式、经营行为上都发生了很大的变化，2009 年颁布的《旅行社条例》取消了旅行社类别划分，目前我国旅行社只有业务划分而没有类别划分。

三、旅行社业发展概况

1．世界旅行社业发展概况

世界旅行社业的发展大致经历了三个阶段：

（1）近代旅行社业发展阶段（19 世纪中叶—20 世纪中叶）

这一时期，旅行社业开始在许多国家蓬勃发展，19 世纪末，全球已有 50 多个国家开展了旅行社业务。到 20 世纪初，世界上形成了三大旅行社行业巨头，分别是美国的运通公司、英国的托马斯·库克父子公司以及比利时的铁路卧车公司。

知识链接

世界公认的第一次商业性旅游是 1841 年由英国人托马斯·库克（见图 1—1）组织的。

1841 年 7 月，库克组织了从莱斯特到利物浦的团体观光旅游，这是第一次以营利为主要目的的商业活动，持续时间大于 24 小时，参加人数达到 350 人，并且配有专职导游。这次旅行成为近代旅行社业务正式开始的标志，确立了团体旅行代理业务的基本模式。此后，托马斯·库克的旅行业务不断扩展，到了 19 世纪末期，托马斯·库克父子公司的市场范围遍及世界各地，它以旅游、银行和航运为主营业务，发展成为一个多元化经营的大型跨国旅游公司。

图 1—1　托马斯·库克

（2）现代旅行社业发展阶段（第二次世界大战后—20 世纪 90 年代）

这一时期，大众旅游迅速普及。大众旅游的需求表现为对标准化产品的大规模、无差异需求。这为现代旅行社业的发展提供了极为有利的条件，西方国家旅行社的行业规模和企业规模与前一时期相比都有了质的飞跃。随着旅行社数量的急剧增加和行业规模的不断扩大，在世界范围内形成了由 10 万余家旅行社组成的国际旅游服务销售网络，并产生了许多国际性和地区性的旅行社组织，如世界旅行社协会和世界旅行社联合会等。

（3）当代旅行社业发展阶段（20 世纪 90 年代以后至今）

20 世纪 90 年代以来，旅游需求的个性化、差异化趋势凸显，给世界旅行社业的发展带来了新的机遇和挑战。以欧美地区旅游发达国家为代表的旅行社业呈现出以下特征：首先，旅行社产品逐步向个性化发展。旅游需求的个性化和差异化要求旅行社在包价旅游产品之外，为不同细分市场的游客安排个性化产品。其次，旅行社行业规模扩大，产业集中度提高。在欧美国家，一般平均每万人就拥有一家旅行社或旅行社经营网点。进入 21 世纪后，欧美地区旅游发达国家的旅行社的行业集中度大大提升，企业竞争力大大增强，出现明显的两极分化发展趋势。最后，信息技术的大量运用，旅行社行业迎来新革命。在发达国家，信息技术被广泛地运用于预订机票、饭店客房、交通工具等服务，旅行社业务与现代科技的结合使旅行社的经营效率实现了飞跃，而计算机的广泛、深入使用恰恰迎合了旅行社业务经营要求“快、准、简”的特点，使原本信息量庞大而且复杂的业务在短时间内得到高效处理，也使得这种经营方式成为旅行社经营的主流方向。

拓展活动

打开托马斯·库克旅行社网站（www.thomascook.com.cn），了解网站主页上的内容构成、该旅行社提供的主要服务，并与同学交流自己的心得。

2．我国旅行社业发展概况

我国的旅行社产生于20世纪初，其产生和发展与当时的中国国情密切相关。当时一些外国旅行社，如英国的通济隆旅游公司、美国的运通旅游公司开始在上海等地设立旅游代办机构，总揽中国旅游业务，雇用中国人担任导游。1923年，我国银行家陈光甫（见图1—2）在上海商业储蓄银行下设旅行部，成为第一家国人自办的旅游服务企业，其宗旨是“导客以应办之事，助人以必须之便”。随着旅行部业务的发展，上海商业储蓄银行董事会于1927年将旅行部从银行独立出来，定名为“中国旅行社”，1928年1月被当时的国民政府交通部授予第元号旅行业执照。后来，“旅行社”的名称被开办旅行代理的企业所沿用，成为中国旅行代理机构的代称。

图1—2　陈光甫

新中国成立后，我国旅游业有了长足的发展，旅行社业在旅游业大发展的背景下也快速发展。1978年之前，中国国际旅行社和中国旅行社两大旅行社独占鳌头。我国旅行社业在产业意义上的发展始于改革开放之后，是以接待入境游客为先导发展起来的。改革开放以来，我国旅行社在市场化和企业化导向的发展进程中大体经历了四个阶段。

（1）商业导向的旅行社形成阶段（1978—1989年）

这一时期，首先，整个旅行社业的需求是建立在入境旅游市场上的，入境旅游人数和旅游外汇收入的持续增长和旅游外联权的下放，从市场规模和制度环境两个方面推动了旅行社业供给规模的扩大；其次，旅行社的业务由初期单一的入境旅游业务发展成为入境与国内旅游业务并举，供产业规模的增长仍主要建立在二类社的数量增长之上；再次，在入境旅游主导的格局下，旅行社产品结构以自然和文化观光型为主，产品运作以“团进团出”为主要形式；最后，旅行社作为旅游业重要组成部分的地位开始为人们所认识。

（2）产业规模快速增长阶段（1990—1994 年）

这一时期，旅游客源市场不断扩大，国民出境旅游市场开始形成，国内旅游市场逐渐发育成熟。同时，垄断性的市场格局发生变化，20 世纪 80 年代中期开始的以中国国际旅行社、中国旅行社和中国青年旅行社为代表的三大旅行社占据主要市场的地位受到撼动，旅行社产业集中度不断下降。

（3）产业结构调整阶段（1995—2001 年）

这一时期，旅行社业在快速发展的同时也出现了一些问题，国家旅游局为规范旅行社行业的发展，制定了一系列政策法规，并于 1995 年 10 月颁布了《旅行社管理条例》，对我国旅行社行业的结构性调整起到了积极的作用。产业结构调整的主要特征有两个：首先，中国旅行社业的市场运行基础日臻完善，市场秩序日趋规范；其次，中国旅行社业的投资主体更加多元化。

（4）全面开放格局中的创新发展阶段（2002 年至今）

我国加入世界贸易组织后，旅游市场日益开放，这也强有力地推动了旅行社产业的全面发展。同时，旅游产品和旅行服务的差异化和创新化成为旅行社发展的“生命”。除了产品的创新外，新兴业态不断涌现，借助信息技术为旅行社提供个性化、多样化的服务，并在现实中与传统旅行社相互促进。这一时期，对于旅行社业而言，最重要的是《旅行社条例》的颁布实施。该条例在旅行社的定义及分类、分社的设立、注册资金和质量保证金的缴纳等多方面进行了调整，并明确了行政管理部门的职责，在保护游客权益、强化政府部门监管职能、优化旅游市场竞争秩序和促进行业分工体系合理化等方面做出了有益的尝试。

四、我国旅行社小常识

1．中国三大旅行社

通常意义上的中国三大旅行社是指中国国际旅行社、中国旅行社和中国青年旅行社，这三家旅行社的简介见表 1—1。

表 1—1　　中国三大旅行社简介

名称	简况	标志
中国国际旅行社 （简称“国旅”）	新中国成立后，我国旅游事业有了进一步发展。1954 年 4 月 15 日，中国国际旅行社在北京成立，主要负责接待外宾	中国国际旅行社 CITS

续表

名称	简况	标志
中国旅行社（简称“中旅”）	中国旅行社始于1949年11月建立的厦门华侨服务社，后在北京成立中国旅行社总社。后考虑到许多国外华人已加入外国国籍，因此，1974年经国务院批准，正式统称为中国旅行社	中旅
中国青年旅行社（简称“中青旅”）	1980年6月27日经国务院正式批准成立	CYTS 中青旅

拓展活动

选取近3年全国百强旅行社的10家旅行社，收集其详细资料，总结出这10家旅行社的主要业务部门及其提供的主要服务，并与同学交流。

提示：了解一家旅行社最常用的方法有进入该旅行社的网站浏览，阅读该旅行社提供的免费宣传材料，通过服务电话或直接到旅行社前台咨询等。

2. 中国旅游标志

马踏飞燕（或马超龙雀）为东汉的一件青铜器，出土于甘肃省武威市雷台汉墓。该青铜器整体高30多厘米，造型独特，形似一匹骏马三足腾空，右后蹄踏着一只飞鸟，只有一足落地。这件青铜器既表现了马的飞逸神采，又保持了构图的平衡，充分展现了中国古代青铜器制造的高超技术。

自1973年以来，我国先后在美国、英国、法国、日本、瑞典、墨西哥、奥地利、意大利等10多个国家和香港地区展出出土文物，均以“马踏飞燕”的形象为代表制作巨幅海报。在伦敦展出时，英国媒体称：“铜奔马（即马踏飞燕）已成为一颗吸引人的明星。”由于马踏飞燕的形象随这些展出被世界所熟知，1983年10月，“马踏飞燕”击败其他备选形象被国家旅游局确定为中国旅游标志（见图1—3）。

图1—3　中国旅游标志

3. 我国主要专业旅游媒体

（1）中国旅游报

拓展活动

讨论马踏飞燕这一艺术作品作为中国旅游标志的意义。

中国旅游报是我国唯一的全国性旅游行业报，由中国国家旅游局主持编印，是旅游行业信息和法规的窗口，也是新景点等信息的来源。

（2）中国旅游网

中国旅游网是国家旅游局开设的专业旅游网站，网站内容包括最新旅游资讯、国家旅游政策动态、详细的旅游统计以及各地的旅游景区景点介绍等。

第二节　旅行社业务

一、旅行社基本业务

旅行社业务是指为游客代办出境、入境和签证手续，招徕、接待游客，为游客安排食宿等有偿服务的经营活动。我国传统旅行社的主要业务部门大体分为外联业务、计调业务、接待业务和旅行社综合业务，各业务包含的基本内容见表 1—2。

表 1—2　　旅行社基本业务及内容

旅行社基本业务	基本内容
外联业务	设计和销售旅行社产品
计调业务	对内接待、安排旅游团，对外计划、协调、发团等
接待业务	由不同语种的导游人员为主体完成，主要负责具体接待计划的制订与落实，为游客（旅游团）提供导游和陪同服务
旅行社综合业务	票务工作、行包业务等

二、旅行社业务部门设置

一般来说，按照业务职能划分部门的旅行社组织结构模式主要有扁平式（见图 1—4）和金字塔式（见图 1—5），目前我国大部分旅行社组织结构均采用这两种模式。这两种模式的基本特征是权力高度集中统一，上下级之间实行单线从属管理，总经理拥有全部权限，尤其是经营决策与指挥权。

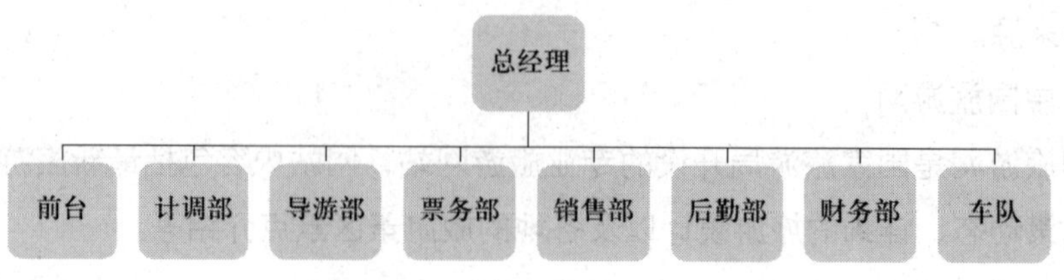

图 1—4　扁平式旅行社组织结构

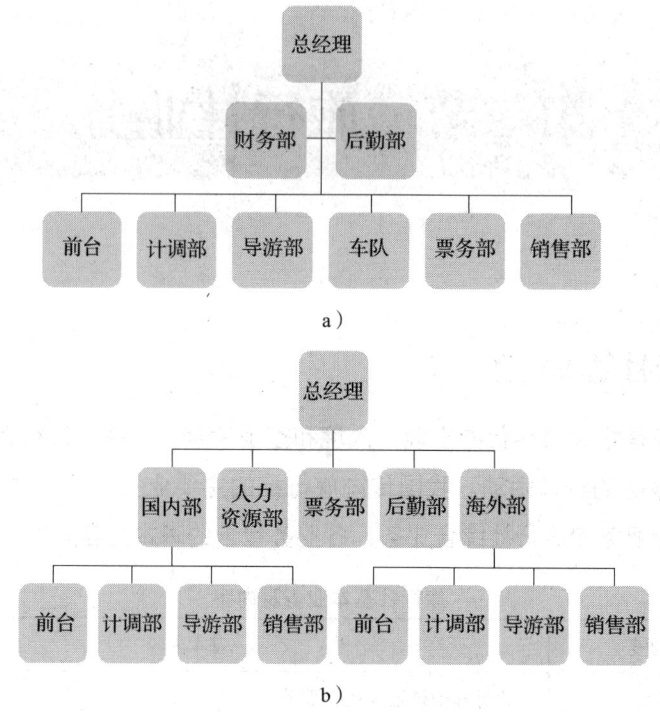

图 1—5　金字塔式旅行社组织结构

拓展活动

讨论：以上哪种管理结构比较好？为什么？

思考与练习

1．简述世界旅行社业发展概况。

2．简述中国第一家旅行社的成立过程。

3．叙述中国三大旅行社成立简况。

4．按照业务职能划分，旅行社一般应设哪些部门？

第二章

前台

chapter 2

前台是展示旅行社形象和服务的起点，在一定程度上代表了旅行社的形象。作为旅行社的一个窗口，前台是最能体现旅行社服务内涵的部门之一，前台工作人员的业务素质和表达能力是检验前台工作是否优秀的重要标准。

学习目标

- 了解前台职责
- 掌握前台岗位要求
- 掌握接待顾客咨询和报名的方法

第一节　前台简介

一、前台职责

1．帮助顾客了解旅游产品

旅游产品是一种无形产品，在没有参加旅游之前，顾客只能通过前台工作人员的描述和答疑来了解旅游产品。前台工作人员必须清楚地将产品向顾客描述，使顾客明确自己的期望和所咨询的产品是否一致。

2．协助业务部门实现既定计划

旅行社各业务部门所做的制订团队计划、编制旅游线路等大量工作，其目的主要是为了提供更加优质和多样化的服务，吸引顾客参加，实现旅行社的利润。而引导和实现顾客消费，是由前台的工作来实现的，这是其他业务部门实现既定计划的基础。

3．提升旅行社的行业竞争力

前台工作人员的服务和形象是旅行社业竞争的重要内容。目前，旅行社竞争非常激烈，对于游客来说，越来越多的旅行社虽然提供了更多的旅游产品，但是产品的同一化令他们难以选择。因此，前台工作人员对顾客要求的认知和引导就成为顾客选择旅行社的非常重要因素。

二、前台岗位要求

一般旅行社在招聘前台工作人员时，要求应聘者必须具备以下素质：

1．良好的学习能力

前台的主要职能之一是解答顾客提出的问题。旅游业涉及的知识面极为广泛，因此，前台工作人员必须了解多个领域的常识。为了做到这一点，前台工作人员必须善于学习，不断提高业务能力，掌握旅游行业相关知识。

2．热情的态度

旅行社作为服务企业，工作人员待客主动、热情是非常重要的。一般来说，前台工作人员应时刻保持热情的态度，面带微笑使顾客感到亲切。

3．十足的耐心

耐心是前台工作人员所必须具备的素质。顾客的提问通常是重复的和琐碎的，前台工作人员必须保持不急躁的态度耐心地解答，即使在非常忙碌不能兼顾的情况下，也要和同事互相配合为顾客提供满意的服务，不能表现出任何不耐烦的情绪。

4．优秀的沟通能力

前台是对外沟通部门，要使顾客对旅行社产生良好的第一印象，乐于接受旅行社的产品，前台工作人员必须具备良好的沟通能力，能够用简洁易懂的语言准确地将旅游信息传达给顾客。前台工作人员要注意讲话艺术和使用文明礼貌用语，敬称顾客时注意先说出顾客的姓氏，如不知姓氏，则应使用“先生”“女士”等称呼。前台工作人员从顾客手中接受任何物品要说“谢谢”，服务过程暂时离开要对顾客说“请稍等”。

知识链接

前台服务忌语

1. 不知道

正确的答复参考：

（1）我现在还不能答复，查询后马上给您回电话。

（2）有位同事对这方面很熟悉，我叫他来听电话，请稍等。

2. 等等、等一下

正确的答复参考：

请稍候 / 马上就过来。

3. 你必须、你应该、你一定要

正确的答复参考：

（1）如果……这样比较好。

（2）这其中比较好的选择是……。

三、前台工作人员的形象要求

前台工作人员代表着旅行社的形象，因此，前台工作人员必须注重自己的形象。

1．仪表要求

为了便于顾客识别和称呼，前台工作人员必须按旅行社规定穿着制服并佩戴胸卡。前台工作人员应讲究个人卫生，不染彩色头发，保持身体、面部和双手的清洁，避免口腔异味。

2. 仪态要求

前台工作人员不得随意离开固定岗位，坐姿应端正，顾客走向服务台时，须起立问好。

和顾客交谈时要目视对方、仔细倾听，双手不得叉腰、在胸前交叉、插入衣裤口袋或摆弄其他物品。前台工作人员在顾客面前不得频频察看时间，与顾客交谈时不得流露出厌烦、冷淡、走神的表情。

拓展活动

1. 给图2—1中所示的电子产品的常用功能作出注释。

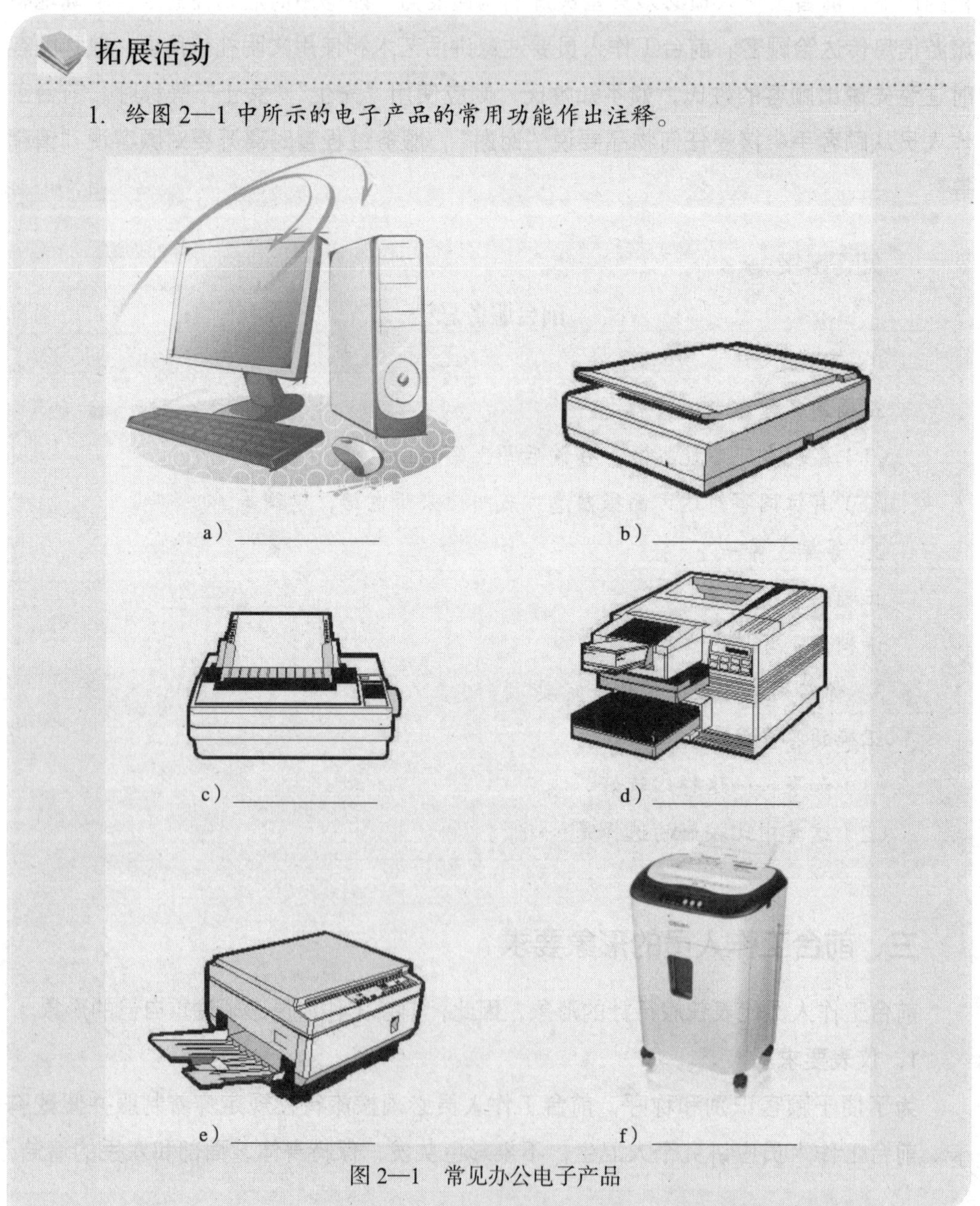

图2—1　常见办公电子产品

2. 请标出图 2—2 中所示的办公用品的名称。

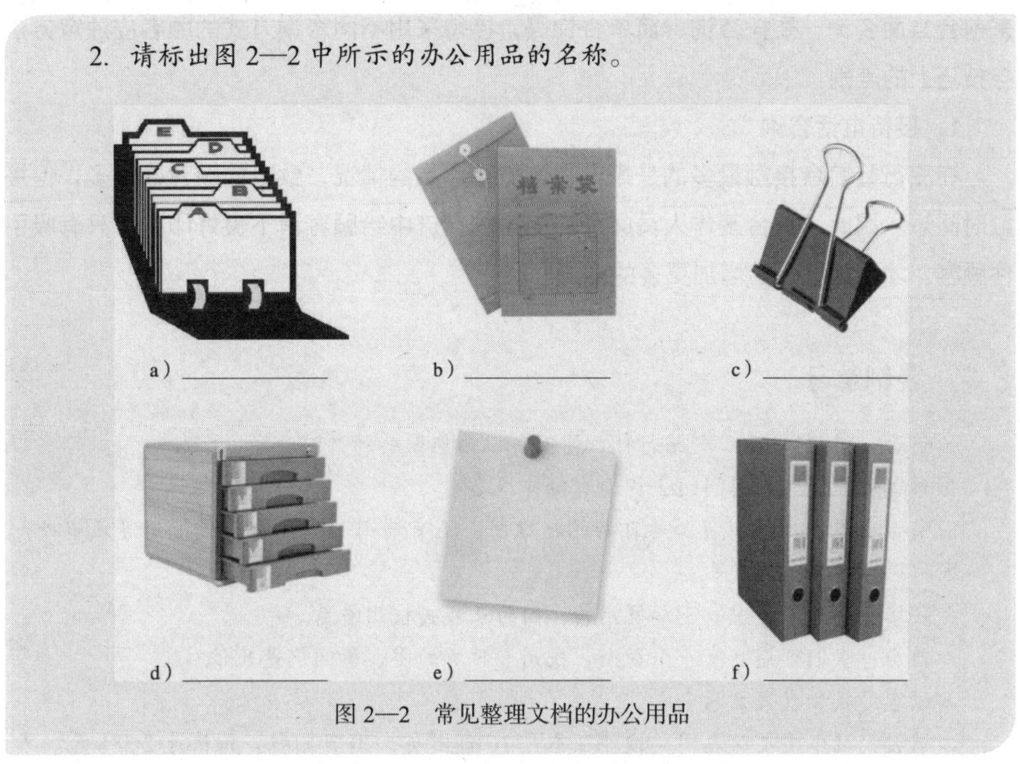

a）________　b）________　c）________

d）________　e）________　f）________

图 2—2　常见整理文档的办公用品

拓展活动

调研一家旅行社的前台工作。根据了解到的情况，检查自己的着装和行为习惯是否符合这家旅行社对前台工作人员的要求，并结合自身条件撰写调研报告。

第二节　前台业务

一、接待顾客咨询

接待顾客咨询是旅行社前台的主要职责之一。顾客的咨询方式主要有电话咨询、来前台当面咨询、委托咨询、简单咨询等，接待采用不同咨询方式的顾客应注意方法与技巧上的差别。

1. 接待电话咨询

在旅行社前台接触最多的是来电咨询旅游产品的情况，致电的顾客数量多，但接触时间短。因此，前台工作人员必须在简短的交流中给顾客留下良好印象，只有吸引住顾客，才能为旅行社增加更多的客源。

案例学习

前台：您好！ ××× 旅行社，请问可以为您做些什么？

顾客：你好！我想问问去黄山有哪些线路？

前台：现在我社有黄山 4 日游的标准团，还有黄山加千岛湖的或杭州等城市或地区的旅游团，选择很多。

顾客：我可以考虑一下加杭州的，因为正想去杭州看看。

前台：我们下周就有一个黄山、杭州 5 日游的团，请问您是几位？

顾客：我和我太太两个人。

前台：这个团是双飞团，预计在本月 16 日出发，20 日回程，价格是 2 388 元。

顾客：价格好像比较高！

前台：这个团是豪华标准团，住宿和出行的收费标准确实高一些，但旅游活动会更加惬意和舒适。

顾客：倒也是，那我和我太太商量一下，她同意的话就来报名。

前台：好的，我们社的上班时间是从上午 8：30 到下午 5：30，报名时记得带身份证原件过来，团费可以交现金或刷卡。

顾客：好的，谢谢。再见！

前台：再见！

点评：此案例是一次标准的咨询报名过程，整个过程非常顺利，但这样顺利的情况并不多见，通常顾客会提出许多问题和要求，需要前台工作人员能随机应变。

案例学习

前台：您好！ ××× 旅行社，请问可以为您做些什么？

顾客：你好！我想问问去黄山有哪些线路？

前台：现在我社有黄山 4 日游的标准团，还有黄山加千岛湖的或杭州等城市或地区的旅游团，选择很多。

顾客：有没有加九华山的呢？

前台：去九华山的游客不太多，目前没有安排好的线路，但是如果您想去，我们可以考虑为您专门开设。

顾客：我们只有两个人。

前台：人数太少无法成团。这种情况下您可以考虑参加黄山标准团，游完黄山后通过自助游去九华山。

顾客：如果自助游去九华山，你们旅行社可以提供哪些服务？

前台：如果您需要，我们会为您办理订房和订票业务，并帮您找当地旅行社接待。

顾客：那价格方面呢？

前台：价格会高一些，因为人数过少时无法享受团体优惠。

顾客：这样啊！

前台：其实您也可以这次只参加标准黄山团，因为游完黄山全程已很累了，再去九华山会很辛苦，而且两座山连在一起看，新鲜感会差一些。不如有旅游团去九华山的时候专程去，游玩时间充裕，价格也低！

顾客：说的也是。

前台：这样吧，我们社下周就有一个出发去黄山的标准团，还有一个黄山加杭州的豪华标准团，景点都很丰富，我可以传真两份行程给您看一下，看您对哪条线路比较满意。

顾客：好的，我的传真号码是 ××××××××。

前台：好，我现在就传给您。

点评：顾客询问线路时提出自己的想法和要求时，只有前台工作人员熟悉业务，随机应变，才能将其留住。

拓展活动

角色扮演游戏——接待咨询

将学生分为两组，一组扮演游客，另一组扮演前台工作人员。游客提出报名要求，前台工作人员提供咨询服务。游客可提出想报名去以下线路：

1. 北京双飞 5 日游。
2. 北京、承德双飞 6 日游。
3. 成都、九寨沟、黄龙双飞 5 日游。
4. 西安、敦煌、吐鲁番、天池双飞双卧 6 日游。
5. 昆明、大理、丽江双飞双卧 6 日游。
6. 厦门、鼓浪屿、集美双飞 3 日休闲游。
7. 桂林、漓江、阳朔双飞 4 日休闲游。
8. 本地 1 日游、2 日游。
9. 港澳地区 5 日特价游。
10. 欧洲 10 国全景游。

2. 接待当面咨询

来前台咨询的顾客大部分是本旅行社的忠实顾客，前台工作人员应该严格遵守岗位要求，以优质的服务加强顾客对旅行社的良好印象，巩固好这一客户群体。

案例学习

顾客：你好！请问李经理在吗？

前台：您好！李经理在开会，我可以转告吗？

顾客：去年经由李经理介绍参加了你们旅行社去北京的旅游团，今年想去西安，所以来找他报名。

前台：好！我第一时间告诉他帮您办理。如果您有哪些细节需要了解，我也可以解答。

顾客：我只想知道作为老顾客，价格能否有较大的优惠？

前台：价格问题由李经理答复。好在会议快结束了，您再等十分钟左右可以吗？

顾客：好的！

前台：您请坐，我去给您倒一杯茶！

点评：在实际工作中，一般旅行社会赋予前台工作人员给顾客小额度优惠的权力。但如果客户提出较大额度的优惠时，必须请示部门经理。对于新员工来说，一般不应自作主张给客户优惠，如有必要，可请资深员工出面办理。

案例学习

顾客：请问你们旅行社有去西藏的团吗？

前台：现在没有定期的团，我们一般都是有了一定数量的顾客才安排出团。

顾客：那你们现在有多少顾客呢？

前台：4位。

顾客：我们一起有5个人，加上你们原来的是不是可以成团了？

前台：这个问题我还需要协调一下你们的出发时间。请问你们大概想什么时间出行呢？

顾客：我们也没确定，只是有个想去西藏的愿望，而且我来咨询就是想听听你们旅行社的专业意见。

前台：一般来说，去西藏旅游最合适的时间是5月份，登山队都是选在这个时间去珠峰的。

顾客：为什么呢？

前台：因为5月之前还比较冷，5月之后又进入雨季，所以只有这个时间是天气最稳定、晴天多的时候。

顾客：现在是春节，那么说就不能去西藏喽？

前台：以前冬季是不能到西藏旅游的，但近几年已开始有西藏的藏历新年专线旅游了。

顾客：这样啊，我对这个也有兴趣！

前台：好的，能否登记您的要求和信息，然后我和其他顾客联系一下，尽量让这个团成行。

顾客：你要快点答复啊！如果你们组不成团我还要去别处报名呢，不要耽误我的行程。

前台：好的，我两天之内一定给您答复。

点评：接待慕名而来的顾客，虽然不是熟客，也应热情、周到，因为他们来前对旅行社有较高的期望。

3．接待委托咨询

对于委托咨询，一般可根据受托人采取的咨询方式，按照电话咨询和当面咨询的方式处理。需要注意的是，受托人往往不能完全代表委托人的意见，所以前台工作人员应该向受托人充分了解委托人各方面的信息和想法，然后视具体情况多提供几种旅游服务产品供对方参考。

案例学习

今年9月10日，××旅行社工作人员小张的父母告诉她，想趁国庆期间去新开发的××温泉旅游，叫她看所在的旅行社有没有这个服务产品。她到了旅行社就向前台工作人员说明了情况，等到国庆节前5天，前台工作人员才告诉她只有某单位的包团（不允许外单位的人加入），没有散客团。小张只好告知父母去咨询别的旅游行社是否有这个项目。

下班后，她问及情况时，她的父亲说："报好名了，只不过不是去温泉。"小张惊讶地问怎么回事，原来她的父亲打电话去别家旅行社咨询时，前台工作人员说她们社国庆节期间虽然没有去××温泉的团，但有其他类似的线路，建议他们来旅行社看看照片资料，了解下情况。等她的父母到了这家旅行社的前台，通过前台工作人员耐心细致的介绍，他们改报了别的线路。

点评："近水楼台不得月"，最忠实的顾客资源却流失了。造成这种现象的直接原因就在于前台工作人员对受托人带来的客源信息没有重视和引导。

4．接待简单咨询

简单咨询是指顾客的咨询非常简短，问几个问题后就会结束通话或离开，这是因为该顾客在同时咨询多家旅行社的同款产品进行比较。这类顾客的特点是对要选择的旅游产品比较熟悉，会同时向 3 ~ 5 家旅行社咨询，对价格要求比较苛刻。对于简单咨询的顾客，不仅要提供优惠的价格，更需要以本社的特色服务来吸引他们。

案例参考

顾客：是 ×× 旅行社？

前台：您好，是的！请问有什么能帮您？

顾客：你们北京双飞 5 日游标准团多少钱？

前台：3 150 元。

顾客：是住市内三星级酒店吗？

前台：是的，四环以内。

顾客：好的，再见！

简单咨询的另一种情况是其他旅行社咨询，咨询的问题通常包括多条线路的价格、在旅游目的地的接待社情况及接待情况等，此时，前台工作人员应保持警惕性，避免作过于细致的回答。

案例学习

顾客：是 ×× 旅行社？

前台：您好！是的，请问有什么能帮您的？

顾客：你们去北京的旅游团多少钱？

前台：我们有 5 天团、6 天团、7 天团，还有 10 天团，价格都不同。

顾客：那都分别是多少钱呢？

前台：您大约想去几天呢？

顾客：5 天吧。

前台：我们的 5 天团是 3 150 元。

顾客：在北京你们住哪家酒店？

前台：市内的三星级酒店。

顾客：叫什么名字呢？

前台：这个还不确定。

顾客：你们在北京的接待社的名称是什么？

前台：我们在当地有几家不同的合作旅行社。

顾客：噢，那好吧，再见！

点评：对于竞争者的“咨询”一般不必深究，但应保持较高的敏感性和警惕性，要避免给本社造成客源损失。新员工尤其要注意这一点。

二、完成报名流程

在顾客确定参加旅行社的旅游团后，前台工作人员应为顾客办理报名事宜，并将顾客的报名信息对接给计调等部门。

1．对客服务

（1）填写报名登记表

各旅行社的报名登记表在设计上会有区别，但基本上都包括以下内容：预约出发时间、实际出发时间、单位（或个人）、旅游线路、参团人数、团队标准、费用、联系人、联系电话等，如图 2—3 所示。

以下内容由客人填写

一、游客资料

No.	姓名	性别	手机/固定电话/email/传真	证件类型及号码	与代表人关系	紧急联系人及电话
1						
2						

二、身体状况（请在方框内打勾，若选择“有”，请详细填写游客姓名和具体情况）

有无身体情况不适宜出游：□无□有________ 有无突发病史：□无□有________

有无精神疾病：□无□有________ 有无妊娠中妇女：□无□有________

有无身体残疾：□无□有________ 有无药物过敏史：□无□有________

三、参团信息

计划参团线路：________

计划参团时间：____年___月___日至____年___月___日　是否购买旅游意外险：□购买□不购买

旅游者全部同行人分房要求（所列同行人均视为旅游者要求必须同时安排出团）：

____与____同住，____与____同住，____与____同住；____为单男/单女需要安排与他人同住；____（儿童）不占床位；____全程要求入住单间（同意补交房费差额）。

以下内容由旅行社填写

线路价格：成人价￥____元/人；儿童价￥____元/人；其他￥________元；

旅游者已于____年___月___日交付旅游费用￥____元，大写________元整

其他补充约定：

图 2—3　旅行社报名登记表

有的报名表还包括组成团后的往返情况，如去程航班、起飞时间，回程航班、起飞时间，出发当日开车时间、开车地点，带团导游等。表的下部有备注和经办人、经办日期等。

顾客一般只需填写自己的姓名、电话、地址等内容，其他内容由前台工作人员询问并协助顾客填写。有些旅行社会将报名表贴到装该团资料的档案袋上，也有的旅行社直接把该表印在专用的信封或档案袋上，如图 2—4 所示。

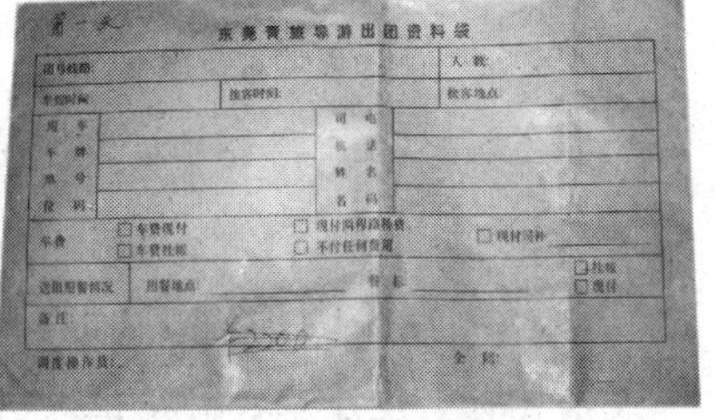

图 2—4　专用档案袋

拓展活动

根据下面这位游客的叙述试填表 2—1。

游客："我想参加你们旅行社的国庆桂林 4 日游标准团，收费为 1 280 元的那个。我们一家三口，小孩 5 岁。我在邮局工作，叫张晨。"

表 2—1　信息收集表

预约出发日期：	实际出发日期：
单位（或个人）：	旅游线路：
参团人数：	收费标准：
联系人：	联系电话：
去程航班：	起飞时间：
回程航班：	起飞时间：
开车时间：	开车地点：
备注：	团号：
	带团导游：
	经办人：
	报名日期：

（2）复印证件

填好报名表后，前台工作人员需要复印顾客的身份证（儿童可以为户口本或身份证）。直接接收顾客的身份证复印件时，要查验身份证原件，验明真伪和有效期，特别要注意出发和回程时身份证是否还在有效期内。

知识链接

居民身份证编号的含义

1. 证件编号由 18 位阿拉伯数字组成

第 1 ~ 6 位数字为地址码，第 7 ~ 14 位数字为出生日期码，第 15 ~ 17 位数字为顺序码，第 18 位数字为校验码。

2. 出生日期码

如某人 1949 年 9 月 20 日出生，其出生日期码应编为"19490920"。如查验或核查时，应注意核对持证人出生日期与编码规定组成的填写是否一致。

3. 顺序码

表示在同一地址码标识的区域范围内，对同年、同月、同日出生的人编号的顺序号。顺序码的奇数分配给男性，偶数分配给女性。查验或核查时，应注意核对持证人性别是否符合男女性别的代码。

4. 校验码

最后一位为校验码，主要是为了校验计算机输入公民身份证号码的前17位数字是否正确，其取值范围是0～10，当值等于10时，用罗马数字符X表示。

（3）签订旅游合同

顾客决定参团后，旅行社要与顾客签订合同。旅游合同一般包括旅行社、旅游者的基本信息，旅游行程安排，旅游团成团的最低人数，交通、住宿、餐饮等旅游服务安排和标准，游览、娱乐等项目的具体内容和时间，自由活动时间安排，旅游费用及其交纳的期限和方式以及违约责任和解决纠纷的方式等内容。图2—5所示为旅游合同样本节选。

合同编号：N

专用条款

根据《中华人民共和国合同法》《旅行社条例》等有关法律规定，旅游者和组团社双方在平等、自愿、公平、诚实信用的基础上就国内组团旅游的有关事宜协商达成协议如下：

第一条　旅游者情况

旅游者人数为＿＿＿＿人，具体情况为：（表格不够可以另附，但需双方签字确认。）

姓名	性别	年龄	健康状况	备注

旅游者代表应当保证其在合同中的签章能够代表表格中列明的所有旅游者对合同约定的认可。表格中列明的任一位旅游者均应当按照合同约定维护权益并履行义务。

第二条　旅游手续

由旅游者自行办理的旅游手续：□航空客票、□＿＿＿＿。

第三条　旅游内容及安排

（一）成团人数为　　人。

（二）成行团号：＿＿＿＿＿＿。

（三）行程时间共计＿＿天　　　夜（含在途时间）。

（四）出发地及时间：＿＿＿＿＿＿＿＿＿＿＿＿＿＿＿＿。

（五）返回地及时间：＿＿＿＿＿＿＿＿＿＿＿＿＿＿＿＿。

（六）途经地及旅游线路：（主要景点应当注明保证旅游者实际游览的最少时间）

图2—5　旅游合同样本节选

（4）协助顾客购买旅游保险

旅游保险为顾客自愿购买，但前台工作人员有义务协助顾客了解或购买。常见的旅游保险主要有旅游人身意外伤害保险、旅客意外伤害保险、住宿游客人身保险、旅游救助保险等，其中前三种为基本保险。具体内容见表 2—2。

表 2—2 常见旅游保险

险种	适宜参保类型	保险费	期限
旅游人身意外伤害保险	参加探险旅游的游客	每份保险费为 1 元、2 元、10 元不等，保险金额从 10 000 ～ 300 000 元。多数旅行社前台可代办此险种	分为按次数计算和按天数计算两种
旅客意外伤害保险	为游客在乘坐交通工具出行时提供风险防范服务	游客所购买的车票和船票金额中的 5%用于保险	保险期限从检票进站或中途上车上船开始，一直到游客检票出站或中途下车下船
住宿游客人身保险	旅游过程需要住宿的游客	保险每份保费 1 元，一次可投多份	从住宿之日零时算起，保险期限 15 天，期满可以续保
旅游救助保险	是国内各保险公司普遍开办的险种，由保险公司与国际救援中心联合推出。游客无论在国内外任何地方遭遇险情，都可拨打电话获得无偿救助	各保险公司不同	有以出发之日起到回程之日止和以半年或一年为期的 3 种

（5）收款和开具发票

报名工作的最后一项是收款和开具发票。前台工作人员在实际工作中应避免发生数错收款金额或写错发票信息等问题。

拓展活动

1. 用大写汉字表示下面的数字和金额：

3，7，20，128，￥25 694.72

2. 开具收款凭证：请根据表 2—1 的内容给张先生开具一张收款凭证，直接填写在图 2—6 中。

收款凭证　　　　　　　　　　　　　　　　　　　　　　NO:

日期：　　年　　月　　日　　　　　　　　　　　　凭证号数________附原始凭证______份

摘　　要	科　目	结算方式	记账	金　额									
				千	百	十	万	千	百	十	元	角	分
合 计	大写：　仟　佰　拾　万　仟　佰　拾　元　角　分												

主管　　　　会计　　　　出纳　　　　制单　　　　缴款人签字

图 2—6　收款凭证样图

2．对内交接

当一条线路的报名人数累计到组团人数时，前台工作人员应及时把组团游客的人数和食宿要求等报到计调部，计调部根据相关的信息和要求联系地接社报旅行社综合服务费（简称综费）。综合服务费是旅行社针对自己提供的服务收取的相应费用，包括食宿、门票、用车、导游服务等全套费用合计，团队出游一般会给予折扣优惠。综合服务费也可以看作是旅行社的毛利。

拓展活动

前台工作人员把已报名的散客累计在一起，发现可以组成一个 45 人的团队，将资料报到计调部门，两天后由票务部门通知订机票情况如下：

- 去程航班：10 月 1 日 CZ3515 起飞时间：10：20
- 回程航班：10 月 4 日 CZ3516 起飞时间：17：50

请结合前面那位张先生的报名表，填写航班信息。

3．通知顾客

计调部订好机票，地接社订好酒店后，由前台工作人员通知顾客出发和回程时间。

随着科技的发展，通知的方法越来越多样化，如电话通知、短信通知以及借助互联网进行通知。无论选择什么手段，工作人员都必须细致、周到，确保每一位顾客都被通知到并做好相关记录，防止通知不到位导致顾客误机误船。

三、服务导游领团

前台工作人员整理好该旅游团的全部资料后交给导游，主要包括顾客的身份证复印件、名单表、行程、联系电话、机票等。在交接过程中，前台工作人员应把旅游团的注意事项和顾客的要求传达给导游，方便导游工作，提高顾客的满意度。

案例参考

目前许多机票都是往返程的。某北京团没有全陪，而送团导游没有听清前台的交代，结果没有向游客说明机票的情况。飞机抵达北京首都国际机场出关后，游客以为万事大吉，将机票丢到垃圾箱中。等上了接团的车，地陪致欢迎辞后，向游客要回程机票时才发现问题，地陪带领游客连忙赶回机场。谁知垃圾箱已被环卫工人清空，于是又到垃圾集中地，众人翻遍了垃圾集中地，终于找回了机票。

后来旅行社调查时，前台工作人员说绝对告诉过送团导游，再问送团导游，他说自己当时在忙着数团款和机票，没听清楚。前台工作人员说当时对他说什么他都是点一下头、嗯一声。后来该旅行社前台做出了一个新规定，前台工作人员交代的每一个问题导游一定要回答“听清楚了”才算交接完成。

四、反馈游客意见，处理小投诉和紧急事件

顾客在咨询或报名时经常会提出意见和建议，常客还会点评自己参加过的旅游团的服务情况，还有顾客经常去前台或通过电话向前台投诉，前台工作人员要注意收集信息，能解决的问题及时处理，不能解决的及时反馈。

另外，游客在外旅游遇紧急情况时，通常会打电话给前台工作人员，寻求解决办法。因此，前台工作人员还需具备处理紧急事件的应急能力。

拓展活动

顾客：上次跟你们旅行社的旅游团去九寨沟，那个导游都不讲话的。

前台：……（请考虑答案）

可参考的多种回答：

前台：噢？这样啊，那个导游叫什么名字？

前台：……你们是几月份去的？

前台：……是我们旅行社的导游不讲话还是地陪导游不讲话？

前台：……他是没有介绍景点资料还是平时和大家聊天比较少？

前台：……您反映的这个情况很重要，我已记录下来，一会汇报给经理。

前台：……您这次去我们一定派一个工作认真的导游给您。

思考与练习

1．前台的主要职责是什么？

2．前台工作人员应具备的素质有哪些？

3．旅行社顾客的咨询方式主要有哪几种？

4．游客常购买的旅游相关保险有哪些？

第三章

计调部

chapter 3

计调是计划与调度的简称。旅行社计调专职从事为旅游团、散客安排接待计划，承担与接待相关的旅游服务采购和业务调度等工作。顾客对旅游活动的安排是否满意，很大程度上取决于旅行社计调工作的质量。

学习目标

- 了解旅行社计调部门的职能
- 掌握地接计调流程
- 掌握组团计调流程

第一节　计调部简介

一、计调部职责

计调部是旅行社的核心部门，计调工作直接影响和决定着旅行社的正常运转。在计调部所有职责中，成本优先与质量控制是最重要的两个职责。

1．成本优先

旅游产品的成本通常表现为各旅游供应商提供的客房、餐饮、门票等的价格。成本优先是指旅行社与接待旅游团队的酒店、餐馆、旅游车队及合作的地接社等洽谈接待费用时，计调部必须尽量争取获得最优惠的价格，以降低旅游产品总的成本，帮助旅行社在激烈的市场竞争中获得更多的市场份额。另外，计调部要注意成本控制与团队运作效果相兼顾，也就是说，必须在保证团队有良好运作效果的前提下，在不同行程中编制出一条能把成本控制得最低的线路。

2．质量控制

质量控制即在细心周到地安排团队行程计划书外，还要对所接待旅游团队的整个行程进行监控。因为导游在外带团，与旅行社唯一的联系途径就是计调，而旅行社也恰恰是通过计调对旅游团队的活动情况进行跟踪和了解，对导游的服务进行监管的。计调部还应对游客在旅游过程中的突发事件灵活地进行处理，以提高游客满意度。为了保证服务质量，计调部还要负责投诉事件的处理。

在质量控制上，中小型旅行社更需要高水平的计调人员进行总控。

知识链接

计调业务的发展

计调业务范围常随着旅行社功能的加强而延伸，因此，不同的业务类别对计调的要求也不尽相同。最初，旅行社除了为旅游者安排旅行游览外，主要是替社会团体和散客代订机票、车票，安排食宿，即承接与旅游有关的各种单项委托业务，并没有明确的计调概念。随着业务范围的扩大，旅行社开始设立专职计调岗位或部门，计调部开始对外代表旅行社同旅游供应商（上、下游行业）建立广泛的协作网络，签订有关协议，取得代办人身份，以保证提供游客所需的各项委托事宜，并协同处理有关计划变更和突发事件。

案例参考

一个游黄山的旅游团，由于人数较少，旅行社没有设置全陪，旅游过程中小事故频发，导致事后有游客到总社来投诉。计调部针对此次事件进行了详细的调查，并给游客写了道歉信。在取得谅解后，年末时又派人专程上门回访。最后不但完全化解了顾客的怒气，而且还为旅行社在春节期间争取了一大批回头客。

给顾客的道歉信

尊敬的游客：

您和您的朋友在国庆节期间一起参加了我们社的黄山双飞4日团，但因我社的安排不够细致周到，给您的行程带来了诸多不便，我们在这里向您表示深深的歉意。

经过调查，我们已查明引起问题的原因，一是我方送团导游在送行时对于注意事项没有交代清楚，且对应交代的事宜有一定的错漏，导致您在购物环节浪费了时间。二是地接社的导游片面强调已定的行程不能改变，而没有向您详细解释不能改变的原因，让您感觉到提出的意见没有得到尊重。针对两位导游的错误行为，我们两家旅行社已分别对他们进行了批评教育。

我们将吸取这次教训，把今后的工作做好，希望有机会再次为您服务，我们一定用上佳的表现来弥补这次失误。请您将我们的歉意转达给此次与您同团旅游的朋友们，我们将不胜感激！

下面附上我们对这次事故的调查报告，报告中说明了此次行程安排不当的具体原因，可能对解答您的疑问有所帮助。另附上《羊城晚报》报道的有关国庆黄山旅游的一则消息，从中也可见黄山国庆旅游人数之众，管理之难。再次恳请您给予谅解。

此致

敬礼

××××旅行社

2016年10月13日

二、计调部岗位要求

1．工作细致周到

旅游业有句行话“旅游无小事”，计调工作更是如此。因为计调工作内容琐碎，涉及多个环节，而且多个团同时操作，需要工作人员细致周到地提供服务。例如，计调人员应了解游客对行程的要求是松散还是紧凑，有没有游客要求吃素餐等。计调人员非常主观地为游客安排一切或对接待部门交代得不够具体，都可能导致行程进展不顺利。例如，有的计调人员没有到过某个旅游目的地，对该地路程情况并不了解，也没有向资深导游询问便凭主观想法安排行程，就会导致实际行程时紧时松。

2．业务熟练

计调人员必须对旅游团的旅行目的地情况、接待单位的实力、票务运作都胸有成竹。

3．有经济效益观念

旅行社能否盈利主要看计调人员能否采购到价廉物美的吃、住、行服务，这就要求计调人员有良好的经济效益观念和协调价格的能力，在保证旅游质量的前提下尽量为旅行社节约成本。

4．有风险和法律意识

能够规避旅游风险，对旅游相关法律法规了如指掌。

三、计调部人员的来源

计调岗位需要高素质、高水平的人员，优秀的导游或外联人员能直接给旅行社带来客源，优秀的计调人员则可以帮助旅行社留住客源，巩固客源。一般来说，计调人员主要来自旅行社其他部门的资深员工。

1．资深导游

资深导游由于具备丰富的阅历和从业经验，熟悉各地旅行社的业务，了解各地景区情况，适合从事计调工作。

2．资深前台工作人员

资深前台工作人员因熟悉旅游线路，有一定工作经验，较适合从事计调工作。

计调人员除上述两种主要来源之外，其他符合计调岗位要求，能承担计调职责的资深员工，也可进入计调部。

第二节　计调业务

计调分为两大类，一类是地接计调，由地接社发起；一类是组团计调，由组团社发起。两者的工作程序有较大的区别。

一、地接计调业务流程

1．报价

根据组团社询价编排线路，根据报价单（见图 3—1）提供相应价格信息。

行程	线路名称	旅游景点	成人价格	服务说明
名景游	名景纯玩	南山文化苑·天涯海角·椰梦长廊	388元	门票、车、服务费、自助素斋、保险
	南山专线	南山文化苑	288元	门票、车、服务费、自助素斋、保险
	山海奇观	大小洞天·生态茶	238元	门票、车、服务费、保险
玩海游	海之体验	蜈支洲岛·蝴蝶谷·贝壳馆·亚龙湾沙滩	338元	门票、车、保险、服务费、6人以上含中餐
	蜈支洲专线	蜈支洲岛·亚龙湾沙滩	288元	门票、车、服务费、保险
	西岛专线	西岛·椰梦长廊	238元	门票、车、保险
	锦母角	含垂钓、烧烤、浮潜	318元	门票、车、服务费、保险
雨林游	呀诺达雨林	呀诺达雨林·生态品茶	248元	门票、车、服务费、自助药膳、保险
	亚龙湾天堂	亚龙湾热带天堂森林公园·亚龙湾沙滩	228元	门票、车、服务费、保险
	走进五指山	五指山热带雨林	268元	门票、车、服务费、保险、8人以上含中餐
民俗游	原住民文化	槟榔谷原住民文化旅游区	238元	门票、车、服务费、保险
漂流游	走进五指山	五指山漂流	368元	门票、车、服务费、保险、8人以上含中餐
户外游	皇后湾之旅	游户外海湾·海钓·浮潜·烧烤餐	238元	门票、车、餐、服务费、保险
	皇后湾之旅	船潜·户外海湾·海钓·浮潜·烧烤餐	388元	门票、车、餐、服务费、保险
	寻找童趣	南湾猴岛（含跨海索道）	288元	门票、车、保险、服务费、8人以上含中餐

图 3—1　报价单

2．计划录入

接到组团社书面预报计划，将团号、人数、国籍、抵 / 离航班（车次、船次）和时间等相关信息录入在当月团队动态表中。如遇对方口头预报，必须要求对方以书面方式补发计划，或在本社确认书上加盖对方业务专用章并由经手人签名，回传作为确认件。

3．编制接待计划

将团队人数、陪同人员、抵 / 离航班（车次、船次）和时间、住宿酒店、餐厅、参观景点、地接旅行社、接团时间及地点连同其他特殊要求等逐一登记在接待计划书中。

4. 计划发送

向各有关单位发送接待计划书，并逐一落实计划书上的登记信息。

（1）用房

根据团队人数、要求，以传真方式向协议酒店或指定酒店发送订房计划书，并要求对方书面确认。如遇人数变更，及时做出更改件，以传真方式向协议酒店或指定酒店发送，并要求对方书面确认；如遇酒店无法接待，应及时通知组团社，经同意后调整至同级酒店。

（2）用车

根据团队人数、要求，以传真方式向协议车队发送订车计划书，并要求对方书面确认。如遇变更，及时做出更改件，以传真方式向协议车队发送，并要求对方书面确认。

（3）用餐

根据团队人数、要求，以传真或电话通知向协议餐厅发送订餐计划书。如遇变更，及时做出更改件，以传真方式向协议餐厅发送，并要求对方书面确认。

（4）地接社

以传真方式向协议地接社发送团队接待通知书，并要求对方书面确认。如遇变更，及时做出更改件，以传真方式向协议地接社发送，并要求对方书面确认。

（5）返程交通

仔细落实并核对计划，向票务人员下达订票通知单，注明团号、人数、航班（车次、船次）、用票时间、票别、票量，并由经手人签字。如遇变更，及时通知票务人员。

5. 计划确认

逐一落实完毕后（或同时），编制接待确认书，加盖确认章，以传真方式发送至组团社并确认组团社收到。

6. 编制概算

编制团队概算单，注明现付费用、用途，送财务部经理审核。填写借款单，与概算单一并交部门经理审核签字。报总经理签字后，凭概算单、接待计划、借款单向财务部领取借款。

7. 下达计划

编制好的接待计划及附件由计调人员签字并加盖团队计划专用章。通知导游人员领取计划及附件。附件包括：名单表、向协议单位提供的加盖作业章的公司结算单、由导游人员填写的陪同报告书、由游客（全陪）填写的质量反馈单、现付用的现金等，票款应当面点清并由导游人员签收。

8. 编制结算

填制公司团队结算单，经审核后加盖公司财务专用章。于团队抵达前将结算单传真至组团社，催收。

9. 报账

团队行程结束，通知导游人员凭接待计划、陪同报告书、质量反馈单和原始票据等及时向计调人员报账。计调人员详细审核导游填写的陪同报告书，以此为据填制该团费用小结单及决算单，交部门经理审核签字后，并由财务部经理审核签字，总经理签字，交财务部报账。

案例参考

外地社：我是北京 ×× 旅行社，我这里国庆有33位游客想去广州、深圳、珠海旅游，为老年团，价格不能太高。

计调：请问想住什么星级的酒店？

外地社：一星级或招待所。

计调：请问来程和回程是乘坐飞机还是乘坐火车？

外地社：均为火车卧铺。

计调：那就是10月1日出发，2日到达广州，我们开始接待，是吗？

外地社：不是，是9月30日上火车，10月1日早上到。

计调：好的，那我核算一个综合服务费，半个小时以后传真给你，好吗？

外地社：好的，谢谢，等你的传真。

二、组团计调业务流程

1. 编制（预报）计划

向目的地接待社询价的同时编制出团计划——团队接待通知书，向行程中的各接待社发出预报。

2. 编制结算

（1）编制概算，报财务审核，总经理签字后开始作业。

（2）凭概算单、组团合同，地接社确认件、团队接待通知书填写借款单，经部门经理签字，报财务审核，总经理签字后领取借款。

3. 订票作业

仔细落实并核对计划，向票务人员下达团队订票单，注明团号、人数、航班（车次、船次）、用票时间、票别、票量，并由经手人签字。如遇变更，及时通知票务人员。

知识链接

机场建设费和燃油附加费

凡是从中国境内机场乘机旅行的旅客，均需缴纳机场建设费，包括持免票、折扣票和乘坐商业包机的旅客。但对下列人员除外：1. 乘坐国际及香港、澳门地区航班出境的持外交护照的旅客；2. 年龄在12周岁（不含）以下的儿童。征收标准是：1. 乘坐国内航班的旅客每人50元人民币；2. 乘坐国际和香港、澳门地区航班的旅客每人90元人民币（含旅游发展基金）；3. 乘坐特殊规定机型的国内支线航班的旅客每人10元人民币。

燃油附加费比较复杂，它是航运公司和班轮公会收取的反映燃料价格变化的附加费，该费用以每运输吨多少金额或者以运费的百分比来表示。航空燃油附加费是为适当缓解油价大幅上涨给航空公司带来的成本增支压力而产生的。航油出厂价格调整后各航空公司可按现行联动机制规定，确定民航国内航线旅客运输燃油费。

4. 书面确认

督促地接社在最短的时间内（8 ~ 24小时）书面确认。确认重点为：飞机（车、船）票、用房、用车、结算方式等。

5. 发出正式计划

在旅游团出发前发出正式计划，要求为正式打印件，加盖计划专用章，一式两份（发出、留存各一份），并督促回执。

6. 选派导游

向导游交代接待计划，确定团队接待重点及服务方向。

7. 最终确认

出发前24小时与对方核对计划，要求对方最终确认。向对方催要结算单。

8. 付款

确认团队质量无异议，经财务部审核，总经理批准，将团款汇入地接社账户（允许预付）。

9. 报账

团队行程结束后一周内清账。填写决算单，连同概算单一式两份、组团合同、地接社确认件、地接社结算单、团队接待通知书原始凭证，交财务部报账。

10．登账

计调部将涉及该团的协议单位的相关款项及时录入到团队费用往来明细表中，以便核对。

11．归档

整理该团的原始资料，每月底将该月团队资料登记存档，以备查询。

案例参考

A:

前台：这是由5个家庭组成的赴北京的旅游团，希望安排在暑假初出发。

计调：暑假是7月15日左右，那我订7月15—18日内出发的机票吧。

B:

计调：这里是计调部，是票务中心吗？我这里有一个团，共31人，希望在7月15日左右出发去北京，请订机票。

票务：该团有几名儿童？请把名单和资料发过来。

思考与练习

1．简述计调部岗位职责。

2．旅行社计调工作人员主要有几种来源？

3．接待社和组团社的计调工作程序有什么区别？

4．计调工作出现错误对旅行社有哪些危害？

第四章

导游部

chapter 4

导游部是旅游计划的实际执行者，旅游团的旅游消费活动主要是通过导游人员提供的服务实现的。导游服务的质量直接影响游客的旅游消费行为，进而关系到旅行社的信誉与发展。

学习目标

- 了解导游部职责
- 掌握地陪导游工作流程
- 掌握全陪导游工作流程

第一节　导游部简介

一、导游部职责

1. 导游服务

导游服务是导游人员代表被委派的旅游企业接待或陪同游客旅行、游览，按照组团合同或约定的内容和标准向其提供的旅游接待服务。导游部在接受计调部提供的旅游计划书后，需根据旅游团的规模、线路、时间选择恰当的导游人员提供导游服务。

2. 质量监督

旅行社除计调部门具有质量监督的职能外，导游部也要对导游服务进行必要的质量监督。提高导游服务工作的质量应严格落实旅游计划，做好接待工作，树立良好的口碑，以此增加游客对旅游产品的购买。游客在消费过程全部结束后，可以从对旅游产品的全面评价中，以及对优质服务的感受中加深美好印象，做出有利于旅游目的地产品的宣传，建立长期、稳定的客户关系，成为新产品的购买者或为旅游目的地增加新客源。

要注意收集游客的意见，通过游客回访表发现游客对导游服务的意见和建议，及时解决问题，做到从服务上提高旅行社的竞争力及盈利能力。

知识链接

××旅行社游客回访表

1. 顾客曾参加本社的哪些线路：________。

2. 顾客觉得参加过的旅游线路中哪条服务质量最好：________。哪条服务质量最不好：________。哪条游程安排合理，内容精彩好玩：________。哪条游程安排不合理，沉闷或太紧张：________。

3. 顾客对带团导游印象如何：________。

4. 顾客对本社在经营策略、整体形象、服务质量、宣传促销等方面有何建议或意见：____________________________________。

5. 顾客是通过哪些渠道获知所参加旅游团的旅游信息的：__________。

6. 顾客下一次出游会对哪条线路比较有兴趣：____________。国庆期间准备出游吗：__________；是单位组织，还是个人或家庭前往：____________。顾客对这次9月宣传页中的线路及价格有什么反映：__________。

7. 顾客以后还想去哪些地方：______。顾客1年出游次数是多少：______。

顾客姓名：________。工作单位：________。联系电话：________。

回访导游姓名：__________。此次是上门还是电话回访：________。

回访导游曾带此顾客去哪条线路：________。回访日期：________。

二、导游岗位基本职责

1. 导游人员基本职责

根据我国旅游业的发展状况和导游服务对象，导游人员的基本职责可概括为以下几点：

（1）根据旅行社与游客签订的合同或约定，按照接待计划安排和组织游客参观、游览。

（2）负责为游客导游、讲解，介绍中国（地方）文化和旅游资源。

（3）配合和督促有关单位安排游客的行、食、宿等，保护游客的人身和财物安全。

（4）耐心解答游客的问询，协助处理旅途中遇到的问题。

（5）反映游客的意见和要求，协助安排游客会见、会谈活动。

2. 地方陪同导游人员的职责

地方陪同导游人员（地陪）是地方接待旅行社的代表，是旅游接待计划在当地的具体执行者，是当地旅游活动的组织者。地陪的主要职责有：

（1）安排落实旅游活动

根据旅游接待计划，合理地安排旅游团或散客在当地的旅游活动。

（2）做好接待工作

认真落实旅游团或散客在当地的迎送工作和食、住、行、游、购、娱等各项服务；在全陪、领队的配合下，做好当地旅游接待工作。

（3）导游讲解

做好旅游团或散客在当地参观游览中的导游讲解和翻译工作，耐心解答游客的问题。

（4）保证安全

保证游客的安全，做好事故防范和安全提示工作。

（5）处理问题

妥善处理当地各相关服务单位之间的协作关系，以及旅游团或散客在本站旅游过程中可能出现的各类问题。

3．全程陪同导游人员的职责

全程陪同导游人员（全陪）是组团旅行社的代表，对所带领的旅游团或散客的旅游活动负有全责，在全程旅游活动中起着主导作用。全陪的职责主要有：

（1）实施旅游接待计划

按旅游合同或约定，实施组团社的接待计划，监督各地接待旅行社执行计划的情况和接待服务质量。

（2）组织协调工作

协调导游服务集体各成员之间的合作关系，督促、协助各地方接待旅行社安排、落实各项旅游活动，照顾好游客的旅行生活。

（3）联络工作

负责旅游过程中组团社和各地接待社之间的联络，做好旅行各站之间的衔接工作。

（4）保证安全、处理问题

在旅游过程中保证游客的人身、财物安全，正确处理突发事件。

（5）宣传、调研

向游客宣传中国（地方）的特色，解答游客的问询；了解外国（外地），转达游客的意见、建议和要求。

第二节　地陪工作程序

地陪是指受接待旅行社委派，代表接待社实施接待计划，为游客提供当地旅游活动安排、讲解、翻译等服务的工作人员。地陪是旅游计划的具体执行者，对确保旅游计划的顺利落实起关键作用。地陪工作包括准备工作、迎接游客、入店服务、商定行程、参观游览、用餐服务、送客服务、后续工作八个程序。

一、准备工作

地陪的准备工作主要包括熟悉所接旅游团的资料、落实接待事宜、领取物资、补充相关知识、做好心理准备等。

1．熟悉旅游团资料

地陪接团前要熟悉的资料包括旅游团名单表（见图 4—1）、旅游行程单（见图 4—2）、用餐和住宿安排、用车安排、回程票据情况。

广之旅 GZL

游客名单表　　　编号：

旅游线路：　　　团号：

此栏由游客填写	姓　名	性别	身份证号码/年龄	联系电话（两个以上）

团费单价：　　团费总价：　　备注：建议甲方在乙方门市部购买旅游意外保险

您从何处得知广之旅的旅游消息：

□《广州日报》　□《羊城晚报》　□《南方都市报》　□《信息时报》　□《新快报》

□《羊城地铁报》　□ 电台广告　□ 城市电视　□ 电梯广告　□《广游天下》

□ 相关网站　□ 朋友介绍　□ 其他________

图 4—1　旅游团名单表

2．领取物资

在接团前，地陪须领取所需物资，主要包括旅游接待计划、导游证、胸卡、导游旗、接站牌、手提扩音器、公园门票结算单、团队结算凭证、行李牌（或行李标签）、团款、记事本、意见表等必备物品。此外，有的旅游团还配备旅行帽、导游制服以及赠送给顾客的礼品等。

3．做好心理准备，拟写有针对性的导游词

在接团前，要做好面临艰苦复杂工作的心理准备，也要准备承受抱怨和投诉。同时，地陪要根据接待计划和成团情况，针对旅游团的特点准备导游讲解词。

旅游行程单

	上午	下午	晚上	住宿
第一天	10 : 17 到达贵阳	黔灵山公园问候猕猴、 甲秀楼感人文变迁		贵阳 太空舱青旅
第二天	10 : 36 到达镇远	探秘铁溪、赏古镇夜景		镇远 星空微舍
第三天	镇远→凯里→西江千户苗寨 尝百家宴　观特色婚礼			黔东南 红旗客栈
第四天	14 : 24 到达安顺　转车到达滑石哨		逛黄果树瀑布 重走《致青春路线》	黄果树 滑石哨客栈
第五天	各自返程，各自精彩			

图 4—2　行程单

拓展活动

通过查阅资料或询问有经验的人士，了解顾客可能需要地陪提供的个性化服务，请从地陪的角度提出方案满足顾客的需求，并讨论方案的合理性。

1. 旅途中突发疾病的顾客需要药品或就医。
2. 顾客因民族或宗教习惯需要特别的饮食或住宿条件。
3. 顾客所携现金不足或不知道取钱的地点和方式。

二、迎接游客

1．致欢迎辞

欢迎辞的五大要素如图 4—3 所示。

2．首次沿途导游

地陪必须做好首次沿途导游服务，以满足游客的好奇心和求知欲，同时，这也是展示自我专业知识和技能的最佳时机。精彩成功的首次沿途导游会使游客对导游人员产生信任感和敬佩感，从而在他们心中树立起对导游人员良好的第一印象。首次沿途导游主要介绍当地的概况和风土人情。

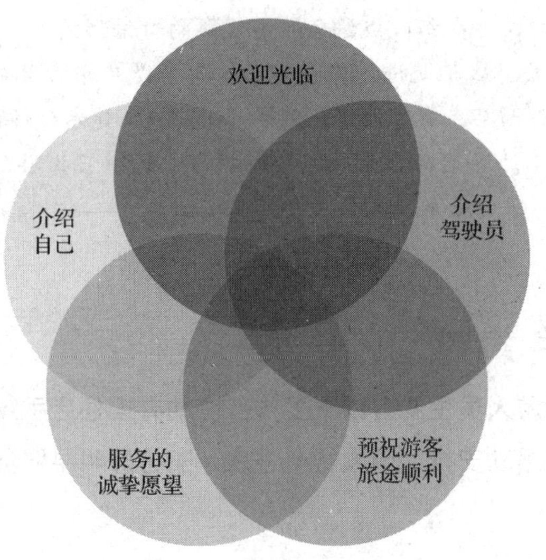

图 4—3　欢迎辞的五大要素

知识链接

导游词改编范例

原文：三水县（现三水区）始建于明世宗嘉靖五年（公元 1526 年），因地处西、北、绥三江汇流处，所以名为三水。1993 年撤县建市，市政府设在西南镇。后撤市建区，归佛山市管辖。现三水全区总面积 828.07 平方千米，辖镇 11 个，常住人口 36.56 万人，华侨、港澳台同胞约 18 万人。

导游词：各位游客，欢迎大家来到三水！大家一看这个市名，一定会感到很好奇，三水？是不是有三条河啊？正是！我们这里有三条大河，西江、北江、绥江在这里汇合，所以这里就叫三水了。

在 1993 年以前我们这里是县，是一个以农业为主的地区，后来随着经济不断发展，升级为市。但是现在又变成了区，为什么会这样呢？这是因为佛山是一座极有资历的悠久古城，在历史上非常出名，广东要建立大佛山，在建大佛山的过程中，将三水并入佛山市管辖，成为这个大市的一个区。

我们三水的全区总面积 800 多平方千米，分为 11 个镇。这里的港澳台同胞和华侨非常多，达到常住人口的 1/2，也就是说常住人口 36 万人，而港澳台同胞和华侨就约有 18 万人，所以是著名的侨乡。

拓展活动

请将下面的这段文字介绍改成适合导游讲解的口语形式。

过了前面的牌楼，我们就进入四会市了。四会是广东古县之一，在秦朝时（公元前 221 年）置县。因县东有古沣水、湞水（北江）、建水（绥江）、龙江，取“四水俱臻”之意而得名。县名历代未改，1993 年 11 月 25 日撤县改市（县级市，属肇庆）。总面积 1 257.6 平方千米，人口 39.25 万人。

三、入店服务

在入店服务中导游人员主要有以下工作：协助办理住店手续，介绍饭店情况，解散前宣布当日或次日活动安排，照顾行李进房，安排好叫早服务。地陪在酒店的服务事项说明见表 4—1。

表 4—1　　地陪在酒店的服务事项说明

所在位置	服务事项	示意图
服务总台	进入酒店后，请游客在大堂休息处等候，同全陪去服务总台办理入住手续	
休息处	提醒游客尽量保持安静	
双标房	一般的旅游团都使用这种房间	

续表

所在位置	服务事项	示意图
双人房（蜜月房）	双人房只能分给夫妻或情侣，双人房和双标房有严格的区别，地陪不能混淆或弄错	
洗手间	要注意提醒游客检查毛巾等物品是否配备齐全。发现有短缺的情况应及时提出，以免退房时出现赔偿问题	

四、商定行程

旅游团开始参观游览之前，地陪应与领队、全陪核对各方手中的行程表，发现不同之处要及时向组团社和地接社汇报解决，还要对临时提出的修改意见进行协调处理，协调方法如图 4—4 所示。

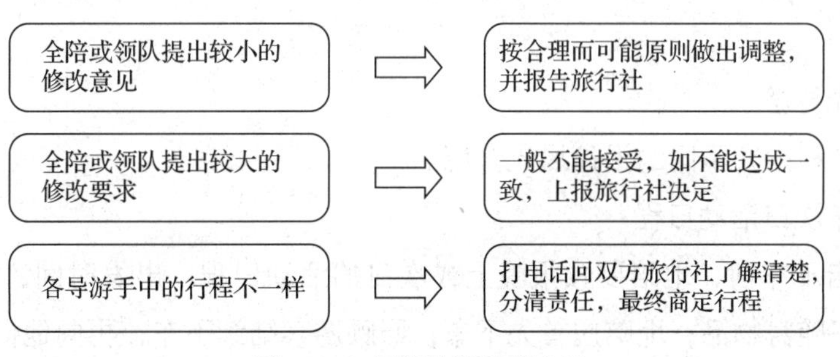

图 4—4　行程协调处理方法

五、参观游览

参观游览是整个旅游的核心活动，地陪要认真对待。参观游览活动主要分为四大步：出发前的准备、在途中的服务、景区（点）内的导游讲解工作、返程途中的工作。

1．出发前的准备

出发前，地陪要做的准备工作如下所示：

备好导游旗、胸卡、手持扩音器→准备各种票据、证件→提醒驾驶员做好准备工作：加油、安全检查、提早开空调等→提前10分钟到达→提醒游客注意事项，如带好雨具、衣物、相机等→准时集合登车→点齐人数。

2．途中工作（见表4—2）

表4—2　地陪途中工作重点

阶段	工作重点
出发	重申当日安排
途中	介绍沿途景物
将到景点	简介景点，特别是景点的价值、特色
长途行车	适时活跃气氛

3．景区（点）内的工作

（1）向游客交代游览注意事项以及景区（点）游览规则。

（2）分点详细讲解景点、景物。

（3）留意游客动向，特别是摄影爱好者和带小孩的游客。

（4）经常清点人数。

4．返程途中的工作

（1）回顾当天活动

返程途中，地陪应回顾当天参观、游览内容，必要时可补充讲解，并回答游客的提问。

（2）风光导游

进行与去程内容不同的沿途风光介绍。

（3）宣布次日活动日程

返回饭店下车前，地陪要预报晚上或次日的活动日程、出发时间、集合地点等；提醒游客带好随身物品；地陪应首先下车，照顾游客陆续下车，再向他们道别。

六、用餐服务

团队用餐时，地陪应在餐前安排游客入座；用餐期间要经常巡视游客用餐情况（见图4—5）；用餐后与餐厅结账。用风味餐时地陪应向游客介绍菜品的典故、做法及吃法等。例如，吃北京烤鸭时，地陪可以示范怎么取料、卷饼；吃过桥米线时，导游要告诉游客先放肉类，后放蔬菜和米线等。

图 4—5 地陪巡视游客用餐情况

七、送客服务

送客服务包括核实交通票据、商定集合出发时间、商定叫早和早餐时间、协助饭店结清与游客有关的账目、办理退房手续、登车、致欢送辞等多个步骤。

知识链接

旅游团结束本地参观游览活动，地陪准备送团前，要整理并核实好所有票据，在全陪和游客离开前如发现存在问题可以及时处理。一个团带完，票据很多，要想结账轻松顺利，第一应做到“钱出票入”，即准备一个专用的信封，所有公款从里面出，所有票据放进去，不要和私人的财物混在一起。第二是要坚持记账，每笔用款都在信封封面上及时记下来。第三是每晚结账，每晚到饭店后应把白天的票据整理好。至少每三天应点算一次钱款和票据是否相符，发现问题及时回忆处理。

八、后续工作

带团结束后，地陪要做好总结工作。旅行社的管理层一般是通过这些团队总结来了解团队运行情况和地陪工作情况，尤其是出现问题时，地陪的总结资料都将成为查找问题、划分责任的依据，所以地陪应认真做好收尾工作，如实填写地陪出团报告。

第三节　全陪工作程序

全陪是指受组团社委派，作为组团社的代表，在领队和地陪的配合下实施接待计划，为旅游团提供全程陪同服务的工作人员。全陪服务是保证旅游团队的各项旅游活动按计划顺利、安全实施的重要环节。

全陪作为组团社的代表，应自始至终参与旅游团全程的活动，负责旅游团移动中各个环节的衔接，监督接待计划的实施，协调领队、地陪、驾驶员等旅游接待人员的关系。

全陪应严格按照导游服务质量标准和旅游合同提供各项服务。

一、服务准备

准备工作是做好全陪服务的重要环节之一。

1．熟悉接待计划

全陪要认真查阅接待计划及相关资料，了解所接待旅游团的全面情况，注意掌握该团重点游客情况和该团的特点。

2．物品准备

全陪要做好必要的物品准备，携带必备的证件和有关资料，包括本人身份证、导游证、导游旗、拨款结算单、差旅费和全陪日志表（见表 4—3）等。

表 4—3　　××旅行社全陪工作日志表

组团社章			团号		全陪		
线路名称			客源地（国）		人数		
出发日期				返回日期			
行程安排							
日期	交通	地陪	日程进展	购物安排	自费项目	餐饮住宿	其他

续表

日期	交通	地陪	日程进展	购物安排	自费项目	餐饮住宿	其他

游客意见：

3. 与接待社联系

接团前一天，全陪应同首站接待社取得联系，询问地陪姓名及联系方式，提前与地陪互通情况，妥善安排好相关事宜。

二、首站接团服务

首站接团服务，目标是使旅游团抵达就能立刻获得热情友好的接待，让游客有宾至如归的感觉。接团前，全陪应向接待社了解首站接待工作的详细安排情况。全陪应提前 30 分钟到接站地点与地陪一起迎接旅游团。

三、进住饭店服务

全陪应积极主动地协助领队、地陪办理旅游团的住店手续，使旅游团进入饭店后尽快完成住宿登记手续，进住客房、取得行李。全陪要掌握住房分配名单，并与领队互通各自房号，以便联系。

四、核对、商定旅游活动日程

全陪应认真与领队和地陪核对、商定日程。如遇难以解决的问题，应及时反馈给组团社，使领队得到及时的答复。

五、各站服务

全陪在旅游的各站服务，应使接待计划得以全面顺利实施，确保各站之间有机衔接，各项服务适时、到位，保护好游客的人身及财产安全，突发事件得到及时有效的处理。

六、离站服务

在旅游团离开各游览地之前，全陪应做好以下各项工作：

1. 提醒地陪落实离站的交通票据及离站的准确时间。

2. 协助领队和地陪办理离站事宜。

3. 到达机场（车站、码头）后，应当着领队的面与地陪交接交通票据、行李卡或行李托运单。交接时一定要点清、核准并妥善保存，以便到达下站后顺利出站。

4. 与地陪双方按规定办好财务手续，并妥善保管好财务单据。

七、各站途中服务

在区间旅行的交通工具上，全陪应尽力与乘务部门协助，为游客提供好保卫、生活服务，为消除长途的疲乏应组织适当的娱乐活动，尽力用周到热情的服务，与游客拉近距离，树立友好负责的形象。

八、末站送站服务

末站服务是全陪服务中的最后环节，全陪要使旅游团顺利离开末站并给旅游团留下良好印象。末站服务的具体工作事项主要有以下几点：

1. 当旅行结束时，全陪要提醒游客带好自己的物品和证件。

2. 征求游客对整个接待工作的意见和建议。

3. 致欢送辞，对游客给予的合作表示感谢并欢迎再次光临。

九、后续工作

1. 旅游团离境后，全陪应认真处理好旅游团的遗留问题，提供可能的延伸服务，如有重大情况，要向本社进行汇报。

2. 认真、按时填写全陪日志、全陪出团报告或提供旅游行政管理部门（或组团社）所要求的资料。

3. 按组团社财务规定，尽快报销差旅费。

4. 归还所借物品。

知识链接

全陪出团报告

团号：________ 线路全称：________ 人数：________

当地接待社，第一段地接社：________ 地陪姓名：________

第二段地接社：________ 地陪姓名：________

全陪导游签名：________ 领队或游客代表签名：________

尊敬的游客：

本份报告是一种对团队服务质量的跟踪手段，为了使我们以后可以为您提供更好的服务，请您在百忙之中抽出宝贵时间阅读由您的全陪导游所填写的团队运行情况。看填写情况是否详尽准确，还有哪些情况需要写清楚，请您补充。非常感谢您对我们工作的大力支持。

本团在运行过程中还有什么情况要补充：________________________

____

____

您建议本份出团报告填写的内容还有哪些需要增加：________________

____

____

游客签名________

____月____日　第____天。主要行程：________。本日天气：________。所游景点有：____________。是否少游景点：____________。

早餐地点：______________评价参考以下条件：是否有茶水供应，是否充足；早餐是否充足，是否新鲜，供应是否跟得上；用餐前地陪是否提前到达。

请导游评价：

餐后游客有何评价：________________________________

____

中餐地点：______________评价参考以下条件：到达餐厅是否立即有位就座；茶水供应情况怎样；是否等很久才上菜；饭菜质量如何；餐厅环境如何。

请导游评价：

餐后游客有何评价：________________________________

____

晚餐地点：______________参考条件同中餐。

请导游评价：

餐后游客有何评价：

____

关于住宿，当晚住宿酒店名称：________星级：________。所处地段是否繁华：_______；出门交通是否方便：_______；硬件设施评价：________；服务水准评价：____________________；关于住宿还有哪些情况要反映：____。

今日行程中驾驶员、车辆、地陪、你自己有无迟到而让游客等候：

迟到人数：________，什么时候迟到：________，迟到多长时间：________，迟到原因：________，处理办法：________。

游客反映今天的行程，太紧：________，太松：________，适中：________。哪些景点好：________，哪些景点不好：________。有无景点被多数游客建议取消：________。有无景点没安排而游客希望加上：________。对行程安排，景点安排，你有什么建议：________________________

本日在各方面出现质量问题时，比如用餐、用车、地陪、住宿等，你是怎样处理的，游客对此的反应如何：________________________________

____

____

思考与练习

1. 简述导游部的主要职责。
2. 全陪在服务准备过程中主要包括哪几个程序？
3. 导游对于沿途产生的诸多票据要怎样处理？
4. 对比地陪和全陪的工作程序，说明两者之间的异同点。

第五章

票务部 chapter 5

大多旅行社都设有票务部，不仅为本旅行社的旅游团服务，还面向社会大众直接提供售票服务。如果旅行社因票务问题影响了旅游计划的实施，不仅会导致游客的游程受阻，还会给旅行社带来直接的经济损失，因此，旅行社必须重视票务工作。

学习目标

- 了解票务部门工作的重要性
- 了解票务中心设立的程序
- 掌握飞机票、火车票订票业务流程

第一节 票务部工作简介

一、票务部工作的重要性

游客外出旅游首先关心的就是交通，在整个旅行过程中，游客很大一部分乐趣来自旅游交通工具所承载的旅游过程。因此，提供迅速、方便、安全、舒适、准时的交通服务是旅行社产品不可或缺的组成部分。这一因素对保障旅行计划的实施、维护旅行社的信誉起到重要的作用。

1．为大众旅行保驾护航

在旅行社为游客提供行、游、住、食、购、娱一条龙配套服务中，游客首先遇到的是“行”的问题，并贯穿于旅游的全过程。从最基本的意义上讲没有“行”就没有旅游。旅行社安排好游客“行”的任务主要由票务部完成，它在旅行社与交通运输部门的协作中起着互相联系的纽带作用，共同解决游客“行”的问题。在社会交通运输能力较弱和供应状况紧张的情况下，票务工作对旅行社旅游业务的作用显得尤为重要。票务部门出票能力的强弱，直接影响旅游业务的开展。

2．是旅行社重要的服务窗口

随着旅游业的迅猛发展，旅行社票务工作已走出了单一化，原来只为旅游团筹集外游交通票证服务的票务部，现在已发展成为为解决人们多样化需求提供服务的综合性部门。大多数旅行社的票务部都代售飞机票，有的还兼营火车票及代销长途汽车票或轮船票等。随着票务部业务的扩充，票务部工作人员良好的形象、优质的服务成为提高旅行社竞争力的重要手段。旅行社票务部的工作人员应通过自身的努力和实际行动，使票务部成为旅行社的一个文明服务窗口。

案例参考

某旅行社工作人员A君认为，在旅行社工作中，顾客的信赖是很重要的。当顾客信任你时，他会一再来找你，并且对你的建议积极地予以配合。一次，某公司的助理打电话为经理预订去英国的机票，出发的时间正好是旅游旺季。

由于他打电话订票的时间太晚了，A君只好先把等待的预约录入计算机系统，同时也直言相告，订到票的希望不大。该助理请A君尽量想办法，因为经理有要事在身，必须前往英国。为了满足顾客的要求，A君只好到处想办法，同时也向别的大型旅行社寻求帮助。到了第二天，努力终于有了结果。拿到机票的助理喜出望外，这时才告诉A君，他已经找了好几家旅行社订票，都没有结果，时间反而越拖越晚。从此以后，这家公司的所有人出差或探亲，甚至公司员工的家属海外旅行也全部从A君这里订票。

3．为旅行社创造更好的经济效益

由于票务部门可以通过代售点对社会大众直接提供售票服务，成为旅行社的直接营收部门，其营收总额在旅行社总收入中占有很高的比例。

机票是旅行社最重要的旅游资源之一，在旅游成本中占有非常大的比例，因此，机票费用的高低直接关系到旅游团团费的高低。旅游团队订购团队机票，往往能拿到可观的折扣价，降低旅游团的交通费用，相当于提高其他业务部门的竞争力，为旅行社节约了成本。而代客订购飞机票，按照民航部门的规定，代理代售国际、国内航空客票可从经营该航线的航空公司处获得票额3%～9%不等的销售佣金。相对销售机票而言，销售火车票则按铁路部门有关规定每张收取5元手续费。

二、票务中心的设立

设立票务中心是旅行社开展票务业务的重要步骤，目前我国旅行社设立的票务中心主要经营机票的代销业务。因此，以下主要介绍航空票务中心的设立。

1．申请成为航空票务代理

根据国家的有关规定，我国航空票务代理分一类航空票务代理和二类航空票务代理两种类型，见表5—1。

表5—1　航空票务代理

票务代理类型	代售范围	注册资金	审核批准部门
一类航空票务代理	国际航线航空客票，香港、澳门、台湾地区航线航空客票，国内航线航空客票	不少于150万元人民币	中国民用航空总局
二类航空票务代理	除香港、澳门、台湾地区航线外的国内航线航空客票	不少于50万元人民币	中国民用航空地区管理局

2．设立航空票务中心的条件

除了必要的营业场所、营业设备及注册资金外，票务中心须拥有3名以上专职销售人员。所谓专职销售人员，即工作人员经过民航管理部门或民航管理部门授权的航空公司（如南方航空）举办的专业培训，并获得航空运输销售代理业务岗位合格证书、销售代理人员证书或岗位培训证书。

3．设立航空票务中心的程序

申请设立一类航空代理资格的旅行社持相关证明向中国民用航空总局提出申请，经审核批准后领取经营证书，再到所在地工商行政管理部门登记领取营业执照。

申请设立二类航空代理资格的旅行社持相关证明向中国民用航空地区管理局（如华北地区管理局、中南地区管理局、东北地区管理局等）提出申请，经审核批准后领取经营证书，再到所在地工商行政管理部门登记领取营业执照。

拓展活动

讨论：如图5—1所示为一家旅行社票务中心处挂的营业牌，请分析此票务中心是哪一类航空代理。

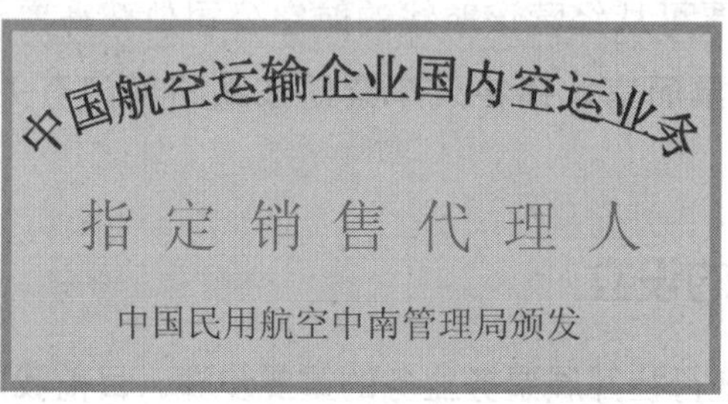

图5—1　旅行社票务中心营业牌

第二节　飞机票业务

旅行社票务部飞机票业务除可办理代订旅游团队机票、代订旅游散客机票、办理客票变更等此务外，还可以办理旅行社包机业务。

一、团队订票业务

票务人员在接到计调部工作人员交来的“旅客订座单”后，应认真核对游客的名单与身份证复印件，查找相应时段的航班消息，确保输入计算机网络预订系统的名字及身份证号无误后再预订机位，同时把信息反馈到计调部，告知已预留机位及出票的最后时限，并提醒其尽早出票，以免预留的机位被取消。在预留机位的最后时限内，当接到计调人员要求出票的信息，票务人员即可出票。出票完毕后，应再次核对名单与机票，并交计调人员。票务中心通过销售团体机票，可以获得票额 3% 的销售佣金。团队订票业务流程如图 5—2 所示。

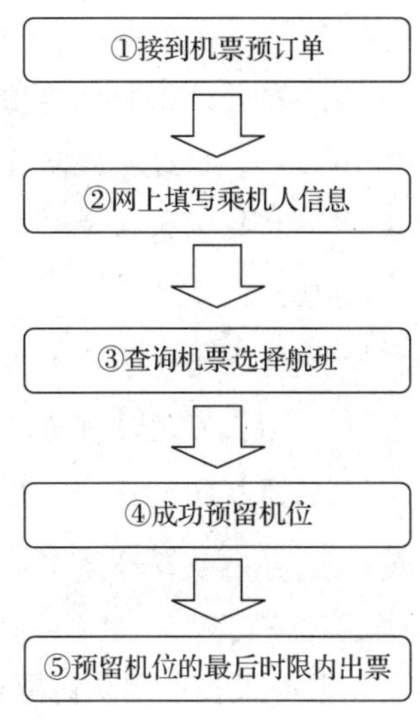

图 5—2 团体订票流程

知识链接

电子客票

目前大多数航空公司都实现了网上销售电子客票。2007 年 10 月，国际航空运输协会（IATA）要求航空公司全面改用电子客票。

电子客票是普通纸质机票的电子映像，是一种电子号码记录，简称电子客票。电子客票将票面信息存储在订座系统中，可以像纸票一样执行出票，作废，退票，换、改、转签等操作。目前，它作为世界上最先进的客票形式，依托现代信息技术，实现了无纸化、电子化的订票、结账和办理乘机手续等全过程，给旅客带来诸多便利并为航空公司节约了成本。航空运输电子客票行程单如图 5—3 所示。

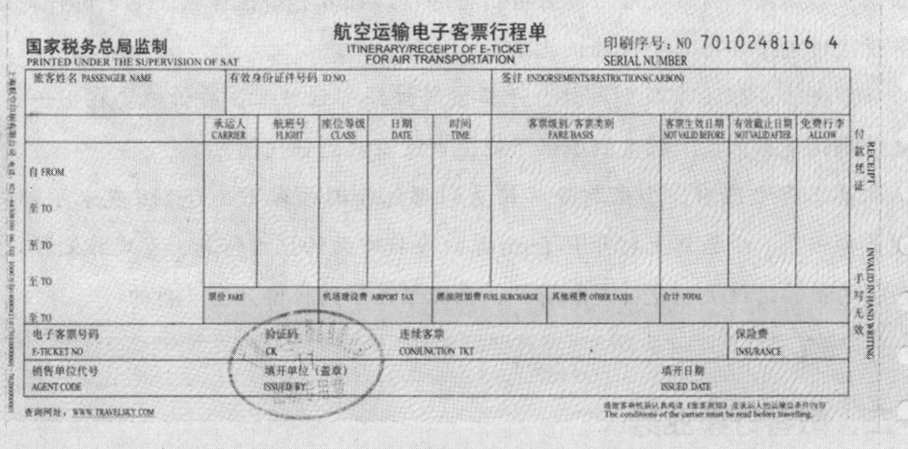

国家税务总局监制
PRINTED UNDER THE SUPERVISION OF SAT

航空运输电子客票行程单
ITINERARY/RECEIPT OF E-TICKET FOR AIR TRANSPORTATION

印刷序号：NO 7010248116 4
SERIAL NUMBER

旅客姓名 PASSENGER NAME	有效身份证件号码 ID.NO.	签注 ENDORSEMENTS/RESTRICTIONS(CARBON)

	承运人 CARRIER	航班号 FLIGHT	座位等级 CLASS	日期 DATE	时间 TIME	客票级别/客票类别 FARE BASIS	客票生效日期 NOT VALID BEFORE	有效截止日期 NOT VALID AFTER	免费行李 ALLOW
自 FROM									
至 TO									
至 TO									
至 TO									
至 TO	票价 FARE		机场建设费 AIRPORT TAX		燃油附加费 FUEL SURCHARGE	其他税费 OTHER TAXES	合计 TOTAL		

电子客票号码 E-TICKET NO	验证码 CK	连续客票 CONJUNCTION TKT	保险费 INSURANCE
销售单位代号 AGENT CODE	填开单位（盖章） ISSUED BY	填开日期 ISSUED DATE	

付款凭证 RECEIPT

手写无效 INVALID IN HAND WRITING

查询网址：WWW.TRAVELSKY.COM

The conditions of the carrier must be read before travelling.

图 5—3 航空运输电子客票行程单

与传统纸制机票相比，电子客票具有更明显的优势，具体如下：

一、通过互联网或者电话预订中心直接预订机票并可使用信用卡支付票款。

二、不需送票、取票，直接到机场凭预订电子客票时使用的有效身份证件办理乘机手续。

三、由于不是实物票，免去遗失客票、忘带客票的烦恼。

四、可通过邮寄或传真收到收据作为报销凭证；在购票7天内可要求预订代理商打印行程单，并可作为报销凭证。

五、旅客订电子客票的全过程可以在异地完成。

票务人员在团队订票业务中应注意，国内航班与国际航班、地区航班的订票情况不同。旅客乘国际航班，可根据有关规定向航空公司售票处或其代理人预订，已订妥国际、地区航班的旅客，应按航空公司规定的出票时限办理购票手续。如未在购票时限内购票，所订座位即被取消；已订妥国际、地区航班座位，包括联程座位的旅客，如所订座位不利用时，应尽早向所订座的航空公司售票处或其代理人提出取消座位。

案例参考

6折机票变成了7折机票

7月12日上午，一位外国顾客来到东城某旅行社票务中心票务柜台，请票务人员小张查询4天后从广州飞往西安的机票。小张在E-Term航班实时查询系统上查询到顾客要的机票4天后是6折的票价，并且有票。于是顾客要求预订座位，小张当即在系统上把票预订好，并告知顾客当天之内必须确定下来是否出票，否则第二天或之后可能会有价格浮动。顾客和小张交换了电子邮件地址，并说通过电子邮件与小张确认此事。

下午，小张没有收到邮件，于是发邮件给那位顾客，告诉他要在下午6点之前确认是否出票。但直到小张下班，也没有收到任何消息。

第二天上班时，小张打开邮箱看到那位外国顾客下午6：15发来了邮件，说是要出票。小张马上打开E-Term系统查找昨天的预订信息，发现昨天预订好座位的机票已经被航空公司取消了，系统里显示的机票只有7折的。

二、散客订票业务

旅行社的票务部作为航空公司的客票代理，可以直接向顾客出售飞机票，这样顾客无须到民航售票处就可购票、取票，极大地方便了民众。旅行社多会在营业部设立票务柜台，这是面向顾客的一个窗口。散客订票业务流程如图 5—4 所示。

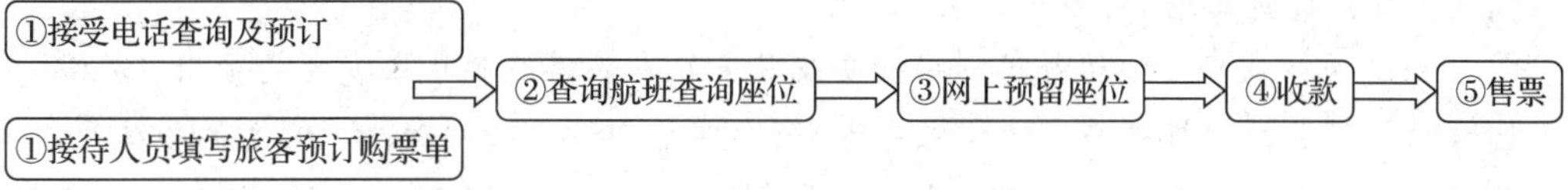

图 5—4 散客订票业务流程

知识链接

如何划分航空公司的票价等级

航空公司票价一般分为头等舱、公务舱和经济舱 3 种等级。每种等级又按照正常票价和多种不同特殊优惠票价划分为不同的舱位代号。头等舱代号一般为 F、A，公务舱代号一般为 C、D 等。经济舱的代号比较复杂，如有的航线经济舱划分为 Y、M、L、K、T 5 种代号，代表不同的票价，分别拥有不同的座位数量。世界上各个航空公司一般均自行定义使用哪些字母作为舱位代号，在舱位代号上无统一的规定。

三、旅行社包机业务

包机业务指包机公司或旅行社向航空公司包下整架或部分飞机座位以供游客搭乘。考虑到包机的成本，通常是几家旅行社联合包机。在旅游旺季时，一般多由地接社包机。包机机票的票价及营运限制均由包机公司或旅行社自行订购及设定。

四、客票变更业务

客票变更包括改变航班、日期或舱位等级，退票以及更换乘机人。例如，排好团出票后的导游临时因病不能带团，需变更导游，则机票上的乘机人信息也应变更；再如，输入错误造成机票上旅客姓名有误需变更等。

由于各航空公司对客票的变更都有不同的规定，因此，票务人员应及时了解和掌握各航空公司的政策，按规定进行具体操作。

案例学习

广州的张女士参加了某旅行社组织的山东—大连 7 日团。出发前一晚张女士感冒了，虽带病坚持旅游，但到达山东后病情更加严重了，无法参加当天的泰安曲阜游览，只好留在景点附近的酒店房间里休息。晚上导游带张女士到泰安的大医院就诊，病情仍不见好转，于是张女士决定放弃旅行，委托地接社代购次日从济南回广州的机票，带其女儿（6岁）先回广州。

旅游团结束后，组团社退回张女士及其女儿在旅游过程中未发生的费用。旅游团订的是往返的4折机票，回程机票为860元，扣除机票的10%和20元的手续费，共退回张女士及其女儿每人754元的机票费。张女士却有疑问，为什么她和她女儿所退得的机票款一样?

点评：该案例涉及儿童票的问题。

12周岁以下的儿童按成人全票价的50%或67%付费，未满两周岁的婴儿不单独占用座位，按成人全票价的10%付费。按有关规定，购婴儿票的旅客要求退票，免收退票费。

旅游团在订机票时考虑到成本因素，给张女士的女儿订的也是4折的机票（4折机票比按成人全额票价的50%购买的儿童票要便宜）。因此，退票时张女士的女儿也只能收到754元的退票费。

知识链接

不少票务中心使用的是E-Term航班实时查询系统，这套系统针对票务中心在工作中遇到的查询航班折扣信息不方便，每次使用电话查询成本高、准确率低等缺陷，通过互联网或中国民航商务数据网访问中国航信主机系统，实时、准确、快速地查票，提高了工作效率，抢占了时机，为赢得客户打下基础。但要使用这套系统，须熟悉该系统的开机、关机等指令，并熟记各大城市的航空3字代码。经过上岗培训及考核后方可独立操作。

五、航空代售工作的要求

1. 树立全局观念，服从全局需要

虽然票务部是旅行社的直接营收部门，为旅行社创造经济效益，但是票务部门是否盈利，是与旅行社整体运营密不可分的。没有旅行社财力、物力的支持，票务工作是难以开展的。只有旅行社整体经济效益好，票务部门出票多，才能盈利。

票务工作人员要树立全局观念，为其他业务部门及旅客排忧解难。票务部门不仅要落实好团队的票源，还要从全社的利益出发，尽量降低交通费用，尽可能争取优惠的交通票证，使其他业务部门在操作中更具竞争力，使业务部门满意，让顾客得到实惠。

票务部的职责就是为本社其他业务部门服务，决不能以票难人。票务部要在高质量的服务中实现本部门的价值，为旅行社创造更多的经济效益和社会效益。

2. 保证出票质量，争取优质廉价的客票

在旅游市场激烈竞争的今天，拿到优惠的交通票证，就能扩大客源，并获得可观的经济效益。因此，票务部门工作人员要积极协调，保证出票质量。

3. 工作认真细致，保证无出票差错

票务工作中一旦出票错误，不仅变更很难，而且还会造成经济损失。由于飞机票实行的是实名制，而各家航空公司的政策不一，变更机票会有很多限制。因此，票务部工作人员工作要踏实、认真、负责，细致核对记录信息，认真学习各个航空公司的政策，遵守旅行社各项规章制度和运作中心各项工作规范，确保执行到位。

工作人员为降低出票差错甚至是达到无出票差错，还要通过勤学苦练，熟练掌握机票预订流程，熟练使用民航订票系统，熟练操作计算机，学会使用办公软件及掌握互联网知识。

知识链接

全国主要机场名称

城市	机场名称	城市	机场名称
北京	首都国际机场	包头	包头机场
北海	福城机场	成都	双流国际机场
安康	五里机场	敦煌	敦煌机场
长沙	黄花机场	常州	奔牛机场
重庆	江北机场	海口	美兰机场
大连	大连国际机场	哈尔滨	太平国际机场
福州	常乐国际机场	黄山	屯溪机场
广州	白云国际机场	贵阳	龙洞堡机场
桂林	两江国际机场	兰州	中川机场
杭州	笕桥机场	昆明	巫家坝机场
汉中	西关机场	嘉峪关	嘉峪关机场
济南	遥墙机场	烟台	莱山机场
拉萨	贡嘎机场	南昌	向塘机场
南京	禄口国际机场	青岛	流亭机场
宁波	栎社机场	上海	虹桥国际机场、浦东国际机场
汕头	外砂机场	武汉	天河机场
沈阳	桃仙国际机场	天津	滨海国际机场
深圳	宝安机场	太原	武宿机场

续表

城市	机场名称	城市	机场名称
乌鲁木齐	地窝铺机场	西宁	曹家堡机场
延安	二十里铺机场	榆林	西沙机场
宜昌	三峡机场	银川	河东机场
郑州	新郑机场	珠海	三灶机场
青岛	流亭机场	西安	咸阳国际机场

航空公司代码和标志

代码	航空公司	标志	代码	航空公司	标志
CA	中国国际航空公司		WH	中国西北航空公司	
MU	中国东方航空股份有限公司		CJ	中国北方航空公司	
CZ	中国南方航空股份有限公司		F6	中国航空股份有限公司	
SZ	中国西南航空公司		XO	新疆航空公司	
3Q	云南航空公司		X2	中国新华航空公司	
G8	长城航空公司		8C	山西航空公司	
FM	上海航空公司		SC	山东航空公司	
3U	四川航空公司		2Z	长安航空公司	
WU	武汉航空公司		KA	港龙航空公司	
FM	上海航空公司		SC	山东航空公司	

拓展活动

角色扮演游戏：接待咨询

将学生分为两组：一组扮演来电咨询或订票的游客，可以订成人票也可以订儿童票；一组扮演票务工作人员。

活动条件：在多媒体教室里利用网络，打开“中国南方航空公司”的“查询预订”网页，游客想要订10天后以下的机票：

1. 深圳至厦门。
2. 北京至西安。
3. 广州至上海。
4. 海口至哈尔滨。
5. 杭州至昆明。
6. 上海至成都。
7. 广州至张家界。
8. 北京至厦门。
9. 福州至济南。

第三节 火车票业务

目前，除少数旅行社可以直接出售火车票外，绝大多数旅行社的票务中心都是通过铁路有关部门购买团队或游客委托代订的铁路客票。旅行社为游客代购铁路客票要收取一定比例的手续费。

一、火车票代售处的设立

1. 设立火车票代售处的方法

通过计算机联网销售火车票，以机器代替人工作业，使票务工作从传统的后台服务走到前台，直接对外营销，这将是以后旅行社发展的主要趋势。

由旅行社与所在地区铁路局客票中心联系，交纳一定的保证金，选择经铁路局同意的地点开办火车票代售，在铁路局指定地点购买计算机、网卡和软件等，一切准备就绪后，由铁路局专业人士上门为票务中心安装铁路客票系统。经过以上程序后，票务中心就可以挂牌营业了，火车票代售处营业牌如图 5—5 所示。对新进入票务部工作的人员来说，会有针对铁路客票系统的专门培训，经过一定时间的培训学习与考核，即可上岗。

图 5—5　火车票代售处营业牌

2. 火车票代售工作所需知识

（1）熟悉我国铁路各线路及站名，能迅速知晓游客要去地方的名称。

（2）尽早熟悉铁路客票系统的各种指令，保证出票质量。

（3）熟悉我国列车车次含义，能为顾客提供准确的列车班次信息。

我国开行的旅客列车中，绝大部分车次前面会加一个大写的汉语拼音字母说明列车的特点，这些字母及所代表的含义及读法见表 5—2。

表 5—2　车次前字母含义及读法

车次前字母	代表含义及读法
Z	直达特别快速旅客列车（时速 160 公里，简称：直特，读作：直）
T	特别快速旅客列车（简称：特快，读作：特）
K	快速旅客列车（时速 120 公里以上，简称：快速，读作：快）
N	铁路局管内（只在一个铁路局内）快速旅客列车（简称：管快，读作：内）
X	专门集中装运某一方向行李、包裹的行包专列，也属于旅客列车范畴（读作：行）
L	在春节、寒暑期客运繁忙时加开的临时旅客列车（简称：临客，读作：临）
A	按需临时加车（简称：临时加车，临外临，读作：A）
Y	在大城市和旅游城市之间开行的临时旅游列车（简称：旅游列车，读作：游）
D	动车组列车（读作：动）
无字母的	简称普快（直接读车次数字）

知识链接

车次的编制和上行下行有关，铁路规定进京方向或是从支线到干线被称为上行，反之离京方向或是从干线到支线被称为下行。上行的列车车次为偶数，下行的列车车次为奇数。如T11次是从北京开往沈阳北方向，为下行，所以是奇数的；T12次是从沈阳北开往北京方向，为上行，所以是偶数的。另外，有的列车在运行途中会因为线路上下行的改变而改变车次，如K388/385、K386/387次列车，都是运行沈阳北到成都区间内的。从沈阳北始发是开向北京的，为上行，车次为K388次；车经停天津以后开始向离京方向行驶，改为下行，所以车次同时改为K385次。从成都向沈阳北开的时候也是一样，在到天津前为上行，所以车次是K386次；列车经停天津后改下行，所以车次为K387次。同时在改车次前后的区间内，车次自成一对，如沈阳北到天津区间车次上行是K388，下行是K387。

拓展活动

请辨认如图5—6所示的火车票上列车车次字母代表的含义，并找出异地销售的火车票及儿童票。

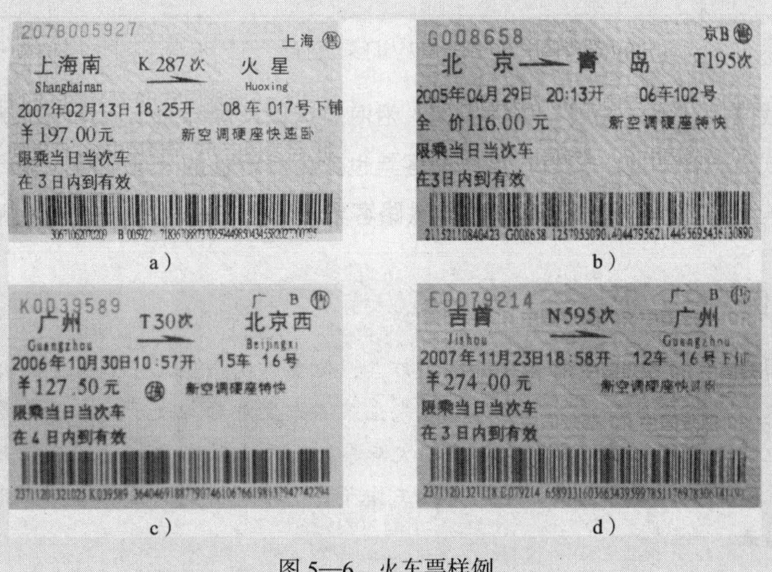

图5—6 火车票样例

二、代购火车票业务流程

票务中心代订代购铁路客票的流程如图5—7所示。

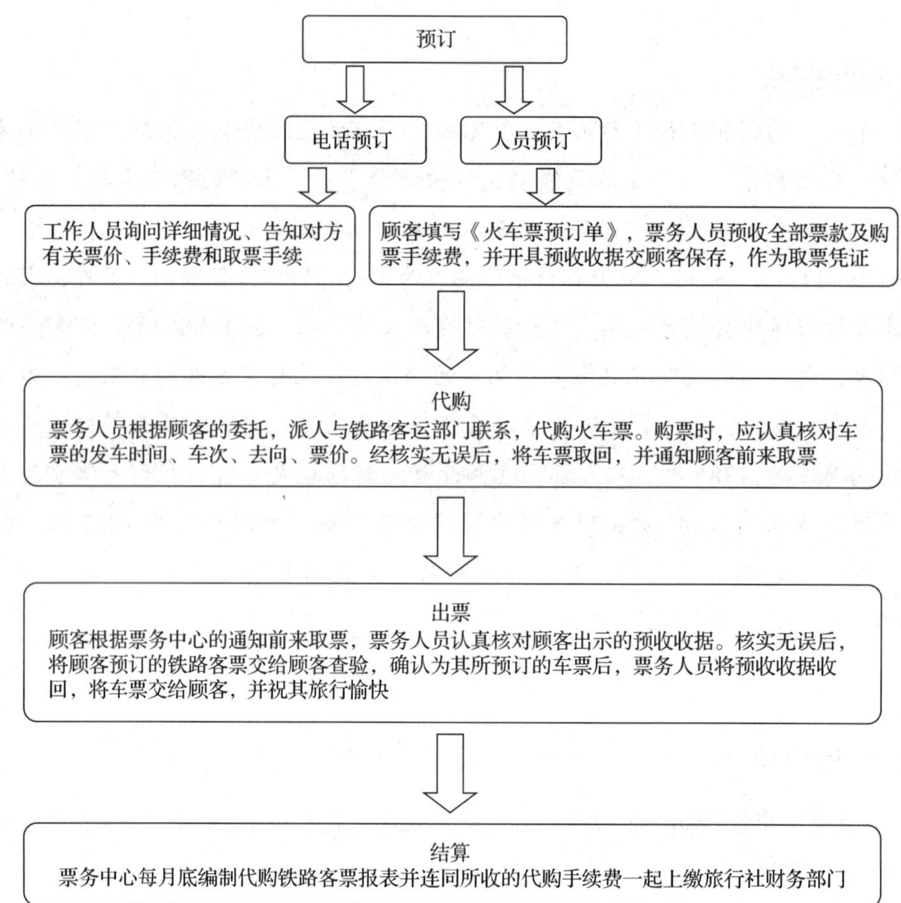

图 5—7　订票流程

随着我国旅游业的发展，内河航运、沿海航运以及国际航运已逐渐成为重要的旅游交通方式之一，因此，代订代购水运客票也成为旅行社的一项业务。旅行社票务中心代订代购水运客票的程序与代订代购铁路客票相似，在这里不作单独讲解。

案例学习

某日，陈先生来某旅行社票务部门订票，他要订两张从北京到集宁的火车卧铺票。付款后票务人员打出了车票交给陈先生，陈先生看后却表示这不是他要订的火车票，他要的是从北京到内蒙古集宁的火车票，而手上的车票却是从北京到山东济宁的。陈先生坚持说自己报的是集宁，工作人员坚持说听到的是济宁，为此，双方争执了起来。

点评：票务部每天接待的顾客来自全国各地，有很多人带有地方口音，且中国很多地名都相同或读音类似，因此，票务人员工作必须认真细致。除自己必须使用标准的普通话外，当不能辨别顾客所报地名时，应请顾客把详细地名写在纸上。在收款时，票务人员应唱收唱付。

思考与练习

1．票务部的工作主要有哪些？

2．航空票务中心的设立有哪些步骤？

3．票务中心如何才能成为火车票代售处？

4．票务中心代购火车票的业务流程是什么？

第六章

chapter 6

销售部和广告部

旅游产品的设计、定价、促销，其最终目的是为了销售。旅行社作为企业，只有将产品销售出去才能生存和发展。旅行社设立销售部和广告部，把旅行社产品销售给顾客或将产品信息传递给潜在顾客，从而实现或促进旅游社产品的销售，达到提高旅行社经济效益的目的。

学习目标

- 掌握销售部业务
- 了解广告部岗位职责

第一节 销 售 部

一、旅行社销售

旅行社销售是旅行社在市场营销观念指导下经由策划、促销、管理，而将旅行社产品以符合旅行社利益及市场规律的价格销售出去的一种以盈利为目的的现代企业行为。严格地说，是旅行社作为一家现代企业的市场经营行为。

二、销售部业务

1. 旅游市场营销调查

旅游市场调查是指旅游企业为了达到特定的经营目标，而运用科学的方法和通过各种途径、手段，整理、分析有关市场营销方面的情报资料，从而掌握旅游市场的现状及发展趋势，以便对旅游企业经营方面的问题提出方案或建议，供企业决策人员进行科学决策时作为参考的一种活动。旅游市场调查的主要方法如下：

（1）文献检索法

文献检索法是一种实践性很强的方法，它要求销售人员善于思考，并通过经常性的实践，逐步掌握文献检索的规律，从而迅速、准确地获得所需文献。一般来说，文献检索可分为明确查找目的与要求、选择检索工具、确定检索途径和方法、根据文献线索查阅原始资料等几项内容。

（2）问卷调查法

问卷调查法是以书面提出问题的方式收集资料的一种研究方法。研究者将所要研究的问题编制成问题表格，以邮寄、当面作答或者追踪访问方式请被调查者填答，从而了解被调查者对某一现象或问题的看法及意见，又称问题表格法。问卷调查法运用的关键在于编制问卷、选择被调查者和结果分析。

（3）访问面谈法

所谓访问面谈法，就是调查员按照抽样方案中的要求，到选中的家庭或单位，按事先规定的方法选取适当的被访者，再依照问卷或调查提纲进行面对面的直接访问的方法。旅游企业在进行营销调研时，往往想知道消费者的真实感受和想法，很想与他们进行面对面的交谈，以此来把握市场信息，访问面谈法将为旅游企业成功地解决这一问题。

拓展活动

青藏铁路开通后，入藏旅游的游客越来越多，这是一条飞速升温的旅游热线。请你为南昌当地旅行社设计一张调查表，使旅行社能从中了解到当地游客想去西藏的热情度、能接受的旅游天数和价格等信息。

1. 需要熟悉旅游景点［景区（点）简介、南昌至景区的交通工具、不同交通工具需要花费的时间、航班时刻及票价］。

2. 景区附近可以提供旅游服务的供应商（餐饮食宿、购物、自费项目等以及它们的标准和距离景区的距离）。

3. 了解竞争对手的情况，利用网络查找相关资料。

4. 对这条旅游线路的需求量进行调查，明确可以通过哪些途径了解到旅游线路的需求量。

2. 旅游市场细分和选择目标市场

旅游市场细分是指旅游企业调研完成后把需求者按一种或几种因素加以分类，使分类后的亚市场在一个或几个方面具有相似的消费特征，以便旅游企业可用相应的营销组合尽可能地满足不同消费群的需要。

目标市场是指旅游企业在市场细分的基础上，进行营销活动所要满足的市场需求。选择目标市场最主要的特点是有针对性，这种目标市场只能针对于特定的旅游市场营销企业。

市场细分和选择目标市场的关系如图 6—1 所示。

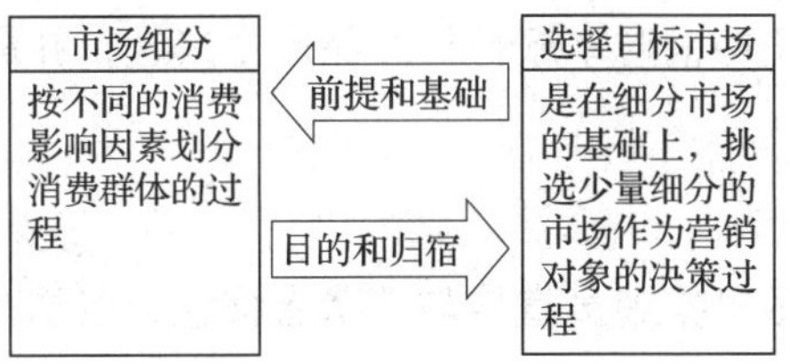

图 6—1 市场细分和选择目标市场的关系

3. 营销计划的制作

营销计划是指旅行社为确保年度市场销售任务的完成而对准备采取的种种销售手段所作的规划。根据游客类型的不同，计划的编写也不同。

4．销售目标计划制订

销售目标计划是指根据对市场的分析，确定年度市场销售目标，并将其具体分解为每月和每季度的销售任务。

知识链接

旅行社销售方法

1．直接销售

直接销售指旅行社不通过中间商而直接将产品转移到最终消费者手中。优点是手续简便，由于没有中间商的介入，可降低成本、增加利润。直接销售方式目前在我国国内旅行社广泛使用。

2．间接销售

间接销售指旅行社借助中间商将产品转移到最终消费者手中。目前我国的国际旅行社在国际入境旅游业务中，主要采取的是间接销售手段。这种销售方式也就是由中国旅游企业与国外旅游零售商挂钩，将旅游产品卖给旅游零售商，再由旅游零售商直接将产品卖给旅游者。

3．多级销售

多数销售方式是目前国际上旅游业最常用的一种，使用也最广泛。

4．多环节销售

多环节销售方法在国际旅游业也是比较常用的。此方法有利的是如果总代理商和旅行社合作得好，总代理商可全力以赴地积极开展推销；缺点是如果总代理商选择不当，则直接影响旅游产品在市场上的销售。

5．旅行社产品促销

促销是通过各种手段和方法，利用各种渠道和工具，把旅行社产品介绍给国内外消费者和旅游批发商，使他们对本旅行社产品产生兴趣，并最终实现旅行社产品的有效销售。

（1）人员推销

人员推销指旅行社派出推销员直接与消费者接触，以加速销售的促销方法，又称直接推销。他们的主要职责包括向消费者传递旅游产品的信息和情报；说服消费者购买本企业的产品，尽可能在短期内促成交易；代表旅行社向消费者提供各项服务，如解答咨询、介绍旅游产品的特色等；还要收集消费者对产品的意见并及时反馈给旅行社。

案例参考

导游：您好，我是 ×× 旅行社的导游小张，我与贵公司经理约好今天下午给他送一些旅游资料。

秘书：经理正在接待顾客，请稍等。

导游：好的。

秘书：好了，现在可以进去了。

导游：张经理，您好！我拿了您想要的四川旅游资料过来。

经理：您好！我先看看，资料很丰富，照片也不错。

导游：是啊，每年 8 月 1 号，四川的理塘有一个大型的赛马活动——国际赛马节，是康巴藏区的大事，草原上的人们从四面八方赶来参加这个盛会。在城外平坦广阔的大草原上搭起一顶又一顶美丽的帐篷。到会期时会有上千顶帐篷被搭建起来，形成奇异的帐篷城！

经理：听起来很有趣。参加这条旅游线路的费用是多少？

导游：3 500 元。最短的只需要 5 天，直飞成都，专车赶到活动现场，参加完 2 天的活动就走。如果有时间，成都附近还有很多美景，可以搭配在一起玩。如四姑娘山、海螺沟，如果还没去过九寨沟，也可以去看一下。当然还有峨眉山、乐山这些常规景点，所以您可选的项目是非常丰富的。

经理：我这次的假期有 10 天，四川我完全没去过，你看能帮我设计一条什么样的线路呢？

导游：根据您以往的旅游偏好来看，您酷爱探险，一般的线路肯定达不到您的要求，我看可以考虑理塘国际赛马节 + 海螺沟冰川探险游。时间正好 10 天，可以看到大草原和冰川两种完全不同的风景，旅游体验会非常好！

经理：这条线路大约费用是多少？

导游：10 天估计 6 000 ~ 7 000 元吧，还要看我们到时住什么样的酒店。当然去这些边远地方住宿条件相对会差一些，我想像您这样爱探险游的人肯定是有所了解的。

经理：这我了解，你快回去把这条路线的行程和价格整理出来，下个星期传真给我。

导游：好的，我一定会细心安排的。再见！

（2）公共关系

公共关系的主要功能是沟通信息、协调社会组织与公众之间的关系、消除相互关系中的障碍、谋求合作和支持。它主要是通过各种现代化的传播手段，及时掌握来自公众的各类信息，使自己不断适应所处的环境，并为制定正确的经营方针和策略提供咨询。同时，通过向公众及时传达各类信息，来赢得社会各方面的理解和支持。

（3）销售推广

销售推广也称销售促进，是旅行社面向同业或消费者提供的短期激励活动，目的在于诱使其购买某一特定产品，是一种在短期内可以迅速产生效果的促销活动。

（4）网络销售

作为一种影响日渐广泛的信息沟通手段，互联网在现代信息传递中起着越来越重要的作用；作为一种促销工具或手段，互联网是目前任何旅游营销主体都不容忽视的新型促销工具。

第二节　广　告　部

一、广告部职责

1．选择广告媒体

旅行社广告需通过一定的媒体传播，传统的媒体有户外广告牌、报纸、杂志、电视、广播、宣传手册、旅游手册、活页宣传品等。但通常来说，旅行社不能采用像汽车、房产、金融、互联网等行业的“烧钱”轰炸模式进行营销。随着科技的发展，旅行社可以利用新型互联网传媒的“免费”资源来进行宣传。

2．制定广告预算

广告预算是旅行社在一段时期内投入广告活动的费用总额，它一般以年度为单位。广告预算是旅行社广告部活动得以持续、顺利开展的必要保证，是扩大和开发旅行社产品的保障。在促销活动中，旅行社采用何种广告媒体、广告的时间和频率、广告制作负责单位等往往取决于广告预算。旅行社的广告预算必须根据本旅行社的实际经营情况来制定。

3．设计广告语和宣传页

（1）设计广告语

广告的目的是促销，广告语主要目的是引起消费者的兴趣，以打动消费者为最终目的。设计旅游广告语时要求简洁、完整。所谓简洁，就是字越少越好，同时要注意押韵；所谓完整，就是既要有观点，又要有理由。简单地说既要告诉受众想什么或做什么，又要告诉他们为什么能这样，并且字越少越好。

知识链接

旅行社广告文案欣赏

1. 美景在前方，我在路上。
2. 领略艺术殿堂的魅力。
3. 好山好水好风光，咱们一齐来乐山。
4. 南部情调，低调的奢华享受。
5. 大佛耳大笑颜开，乐山欢乐迎客来。
6. 聆听那段属于“古罗马英雄”的赞歌！
7. 乐山乐水乐游天下，旅山旅水大佛之旅。
8. 乐山乐水赏大佛，有滋有味悟人生。

（2）设计宣传页

与文字相比，一幅美丽的图片更能吸引消费者的注意。而人类大脑处理图片的速度和记忆的牢固程度是文字的很多倍，所以要做好广告宣传应充分利用好图片。如广东虎门的“三道防线”旅游线路（见图6—2），远比用文字描述能够给游客留下更深的印象。

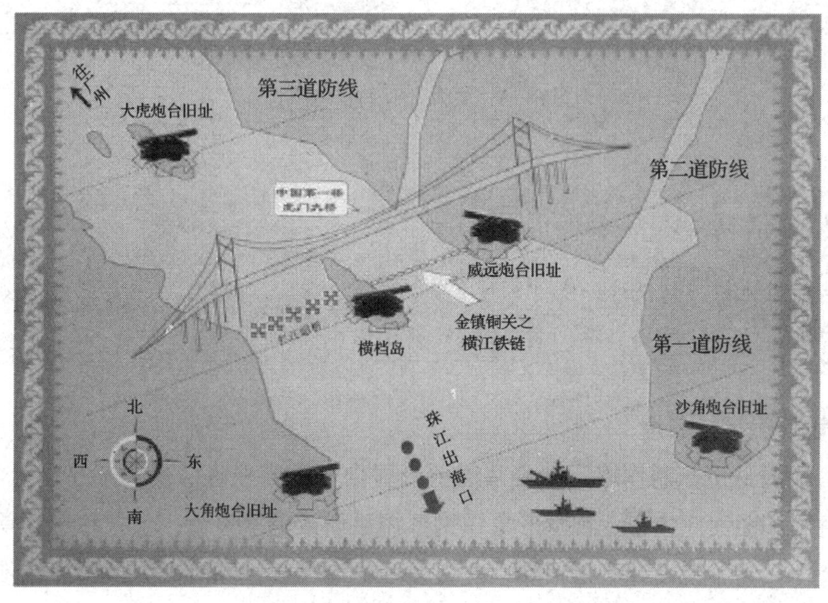

图6—2　广东虎门旅游线路的图片广告

知识链接

图 6—3 所示是一些著名旅游企业的宣传广告，有彩色单张，有双色套印，有报纸广告，各有特色。

a）　　b）

c）

图 6—3　旅游企业的宣传广告

拓展活动

请为当地旅行社设计一张“本地一日游”的广告，线路自拟，要求广告设计醒目、清晰。

4．设计旅行社名片

名片代表身份，制作旅行社名片时要凸显自己的专业性。广告部在设计名片时，形式、色彩和图案应依企业视觉形象识别系统手册或信笺设计，尺寸和形状常配合名片类的大小。为了使设计不落俗套，应多发挥具有独创性和有活力的构想，使设计的名片有别于一般传统的名片，如图 6—4 所示。

图 6—4　旅行社名片设计图案

设计名片的要素有如下几个方面：

（1）造型构成要素

插图（象征性或装饰性的图案）、标志（图案或文字造型的标志）、商品名（商品的标准字体，又叫合成文字或商标文字）、饰框和底纹（美化版面、衬托主题）。

（2）文字构成要素

公司名（包括公司中、英文全名与营业项目）、标语（表现企业风格的完整短句）、人名（中、英文姓名和职务）、联系资料（中、英文地址以及电话、移动电话、传真号码等）。

（3）其他相关要素

色彩（色相、明度、彩度的搭配）、编排（文字、图案的整体排列）。色彩除了对视觉产生作用，同时也影响感觉器官，因此，名片设计者在从事色彩的规则组合时，最好先了解旅行社希望表达的形象。

拓展活动

假设你将要进入旅行社工作，现在就来试试为自己设计一张名片吧！

二、设计实例

国庆将至，某旅行社要求广告部为这次国庆设计一个广告单张，其工作流程如下：

第一步，找国内游、港澳游、海外游等各部门，了解国庆有哪些热线及价格优惠。

第二步，汇总后给各个部门分配相应的报纸或宣传单张的版面。

第三步，找广告部专业设计人员设计、制作成宣传页面。

第四步，如随报纸发送，需同报社派送部门联系；如登报纸广告，需找广告部门联系。

第五步，督促印刷厂按时印出宣传资料。

第六步，确保宣传材料准时被送到报纸派送部门或报纸广告部门，保证在国庆节前半个月送到读者手中。

思考与练习

1．销售部门的常规工作有哪些？

2．简述旅游市场调查常规方法。

3．设计旅行社名片的要素有哪些？

4．为旅行社策划一个广告单张的基本流程是怎样的？

第七章

chapter 7 旅游车队

随着旅游市场的发展，游客出行的规模日益扩大，旅游公司开始组建专门的旅游车队为旅游团服务，很多旅游城市还成立了旅游出租车队来满足不同游客的出行要求。这些专业的旅游车队和旅游出租车队为游客营造了安全、秩序良好、服务质量上乘的旅游客运环境，为进一步完善旅游客运市场做出了贡献。

学习目标

- 了解旅游车队的分类
- 掌握旅游车队的职责
- 掌握旅游车队工作流程

第一节　旅游车队简介

一、旅游车队的分类

1．大型旅行社车队

一般来说，大型的旅行社特别是国际旅行社都会组建自用车队（见图 7—1）。车队车辆多为大型客车（俗称大巴），大型客车是指车长大于等于 6 米或核定载客人数大于等于 20 人的载客汽车，大型客车的运距多达数百公里，有的车厢内全部设座位，有的全部设铺位（也称“卧铺车”），并有存放乘客随身行李的行李架或行李仓。

大型旅行社车队的数量从十几部到几十部不等，车身通常会被喷涂上旅行社的名称和标志，起到识别和宣传的作用。

图 7—1　大型旅行社车队

2．小型旅行社车队

小型旅行社组建的自用车队规模较小，车型以中型客车（俗称中巴）和面包车为主，数量较少。中型客车的全名叫作“中型载客汽车”。根据《机动车辆及挂车分类》中规定，在中国大陆，车长小于 6 米且核定载客人数（含司机）10 座（含）以上，19 座（含）以下的客运车辆称为中型客车。

3. 特种旅行社车队

特种旅行社业务较常规旅行社更加特殊，如进行露营游、越野游、探险游的组织等。为了满足游客户外活动食、宿、行的需要，特种旅行社会配备一定数量的旅行房车（见图 7—2），组建特种车队。

图 7—2　特种旅行社车队及车辆内饰

4. 专业旅游出租车队

随着我国旅游业的发展，很多城市纷纷设立专业旅游出租车公司。此类公司一般拥有上百辆的大型客车，供各旅行社和游客租用。

二、旅游车队的特点

1. 服务性

旅游车队在企业各项工作中处于服务、服从的地位，提供优质服务是车队管理的重点工作之一。

2. 流动性

旅游车队的驾驶员机动性和流动性较强，造成了旅游车队管理难度大。

3. 高危险性

车辆在行驶中稍有不慎就可能酿成大祸，给生命和财产造成重大损失，即使旅游车驾驶员遵守规则行驶，也可能会受到来自他方的伤害，其危险程度之高是不言而喻的。

4. 独立性

旅游车队的驾驶员往往是单人完成任务，或只是与导游人员一人配合，这要求驾驶员的独立工作能力强。在保持独立性的同时，旅游车驾驶员要具备与导游合作的能力，还要具备与游客互动的能力。

三、旅游车队的职责

1. 车辆调度

车队管理一般实行车队长负责制，由车队长负责车队的全面管理工作；车队内设置安全员，安全员负责全队车辆的安全和卫生检查等工作。车辆派用由车队长统一调度，各业务部门用车必须向车队长提前申请。车队长除按计调部旅游计划安排旅游用车外，每天早晨要与办公室做好公务用车的衔接工作，尽量做到一车多用，注意轻重缓急的搭配，提高车辆使用效率。对用车通知单应详细填写用车时间、路径、起止目的地等。

2. 车辆维修

车辆维修实行鉴定和报批制度，由车队长会同安全员进行鉴定报主管部门领导确认，总经理批准；车辆保养要严格执行定期保养，车辆必须及时购买保险；出现安全问题和交通事故要及时上报。

四、车队岗位基本职责

1. 驾驶员

驾驶员必须遵守《中华人民共和国道路交通管理条例》及有关交通安全管理规章制度，并遵守本旅行社其他相关规章制度安全驾车。车辆应由专职驾驶员驾驶，需由他人驾驶时，应告知车辆性能、状况并到车队调度处备案。

专职驾驶员应每周对车辆实施定期检查及保养，以维持机件寿命，确保行车安全。出车前要例行检查车辆的水、电、油及其他性能是否正常，发现问题时要立即加补或调整。驾驶员发现车辆有故障时要立即检修。平时要注意保持车辆的清洁。驾驶员应经常检查自己所开车辆的各种证件的有效性，出车时一定保证证件齐全。驾驶员出车归来后应到车队调度处登记当日出车路桥费、实际出车路线等，如遇其他特殊情况需一起报备。车辆驶回后应停放在指定安全地方，并将车门锁好。

知识链接

旅游业对车队车辆驾驶员服务规则要求如下：

1. 早上接顾客前加满油。
2. 打扫车辆，确保整洁。
3. 准备好垃圾袋。
4. 提前 10 分钟到达集合地点。
5. 冬夏时提前开空调。
6. 在宾馆停车要到门廊内，正对着酒店大堂，不要让游客拿行李走太远。

2．内务工作

车队也有很多内务、文书工作，如输入资料、管理内务、接听电话等，需要由专职的内务工作人员完成。

车队的专职内务人员需要将车队日常发生业务往来资料及时登记、整理并建立档案，以便查找。否则，不仅会影响车队的工作效率，而且还会发生未及时交纳各项费用而遭到罚款，发生费用统计不详，车辆使用状况不清楚，责任归属不明确等问题。

3．排工板核对写工作

大型旅行社每天要出发几十个旅游团，需要通过排工板来传达具体的车辆安排信息，车队每天写排工板（见表 7—1）的工作量很大，这项工作通常由新员工来负责。

表 7—1 车队排工板

编号	出发日期	线路名称	人数	接客地点	时间	航班时间	起飞机场	车号	座位数	驾驶员姓名	驾驶员电话	导游姓名	导游电话	备注

4．财会辅助工作

一般车队财会辅助人员经常要管理驾驶员基本档案、出车收车记录、加油管理、维修费用、保养费用、违章处理费用、年检费用、保险费用等，并提供到期年检提醒、保险到期提醒、保养提醒、驾照年审提醒等一系列工作。

知识链接

××旅游客运车队考勤管理制度节选

一、目的

为了规范车队考勤管理，严肃工作纪律，有效提升员工的敬业精神，结合我车队实际情况，特制定本制度。

二、适用范围

本制度适用于旅游客运车队所有员工。

三、管理规定

1. 工作制度

工作时间：上午8:00—11:00　下午11:30—16:30

晚间值班时间：晚16:30—18:00　早6:00—8:00

2. 打卡制度

（1）公司实行上下班指纹录入打卡制度。全体员工都必须自觉遵守工作时间。

（2）打卡次数：一日两次，即上班打卡一次，下班打卡一次。

（3）打卡时间：打卡时间为上班到岗时间和下班离岗时间。

（4）因公外出不能打卡：因公外出不能打卡应填写外出登记书，注明外出日期、事由、外勤起止时间。因公外出需事先申请，如因特殊情况不能事先申请，应在事毕到岗当日完成申请、审批手续，否则按旷工处理。因停电、卡钟（工卡）故障未打卡的员工，上班前、下班后要及时到车队考勤员处进行手工签到登记，由考勤员签字证明当日的出勤状况，报车队经理批准后，月底由考勤员据此上报考勤。

3. 加班管理

（1）客运车队因特殊情况需指定员工加班的，加班一次可补偿一次值班费用，当月累计加班三次至五次可申报加班半天，超过5次可申报加班一天。对班长以上管理人员，一般情况下延时工作不计加班，因特殊情况经经理以上领导批准的延时工作，可按以上标准计加班。

（2）员工加班，应按规定打卡，没有打卡记录的加班，车队不予承认；有打卡记录但无车队经理批准的加班，公司不予承认加班。

××旅行社

五、旅游车驾驶员应具备的能力

1．熟悉路线、路况

在车队从事驾驶员工作，必须认识道路并熟悉路况，这是保证旅客旅游行程按计划完成的重要保障。

知识链接

熟悉路线的方法

熟悉路线的方法有很多，一是乘公共汽车从起点坐到终点，可以认识很多道路和著名建筑。二是看地图，旅游专业的学生要掌握通过查看地图迅速定位的本领。三是有效利用互联网，许多城市已有电子地图，输入一个建筑物的名称，便可搜索到附近的道路。有些网站还附有卫星地图照片（见图 7—3），导游人员及驾驶员应充分利用。

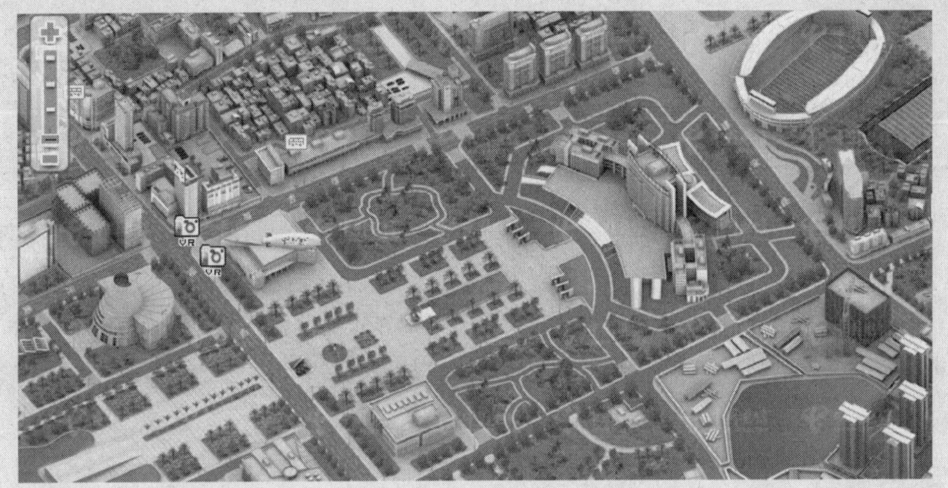

图 7—3　卫星地图照片

在载客旅游的行程中，如路线不熟时应及时采取相应措施，以免浪费游客的时间，耽误旅游行程，具体措施如图 7—4 所示。

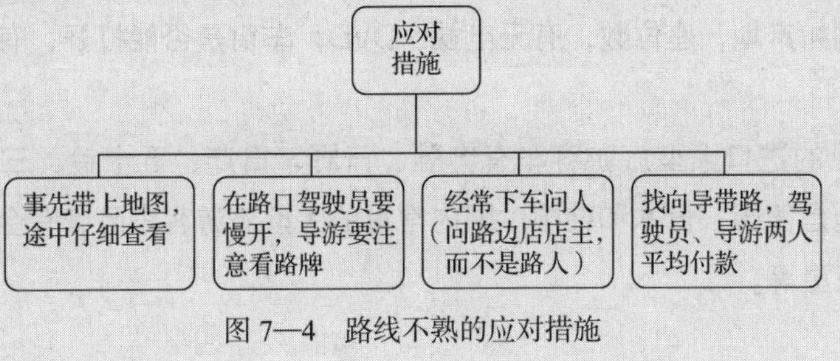

图 7—4　路线不熟的应对措施

案例参考

导游日记一

这次带的旅游团是一个学生团，人数较多，我所在的这台车比其他车辆迟发半个小时。让人想不到的是，驾驶员不认路，而我以为是大车队行动，所以也没有做准备。我的欢迎辞还没讲好，驾驶员就问我虎门大桥怎么走，好在前一天开会发了一张路线图，于是一路上我只好协助驾驶员找路。

因为无法作讲解，学生们就喊要听歌、看电视，可驾驶员却说电视机和VCD都坏了，种种意外导致我像热锅上的蚂蚁，急得团团转，当时真想跳车走人。

这时我想到了通过活动来活跃气氛，于是我对学生们说："为了表示歉意，我给大家唱首歌。"演唱完毕，又带领学生们做游戏，但驾驶员又请我协助他找路，只好让各位学生看路上的风景。

虽然在行程中不停地下车问路，可结果还是走错了，只好请了向导带路，但最后足足比其他团迟了一个半小时，学生们游览的时间只剩半个小时。

拓展活动

请两位学生各扮演导游人员和驾驶员，因带客出发前被临时通知改了景点，导游人员和驾驶员均不熟悉这条路线，该如何处理？

2．熟悉旅游车品牌

（1）大型客车品牌

随着经济的发展，游客对所乘坐旅游客车要求越来越高。空调车是基础车型，有些团队还会特别要求配备进口空调车。因此，驾驶员及车队工作人员要对大型客车的品牌有较好地了解，包括这些品牌的出产国或出产地，更为重要的是要掌握各车型的相关资料，例如产地，座位数，有无电视、DVD，车窗是否能打开，有无外置行李仓等。

一般常见的进口大型旅游客车有奔驰、日野、日产、五十铃、三菱、大宇等品牌，主要产地是德国、日本和韩国。国内常见的大型旅游客车品牌有金龙、沈飞、太湖、宇通、亚星等。

拓展活动

填写图 7—5 所示的大型客车标志对应的名称。

图 7—5 大型客车品牌车标

(2) 中型客车品牌

现在的旅游团队规模呈现越来越小的趋势，十几人的团队经常出现。由于中型客车座位较少，空间充足，作为小型旅游团的交通工具是非常理想的。

拓展活动

填写图 7—6 所示的中型客车标志对应的名称。

图 7—6 中型客车品牌车标

第二节　旅游车队工作程序

一、旅游车队工作程序

旅游公司旗下的旅游车队和专业旅游出租车队的工作程序是有较大区别的。旅游公司自有车队工作程序（见图 7—7）。

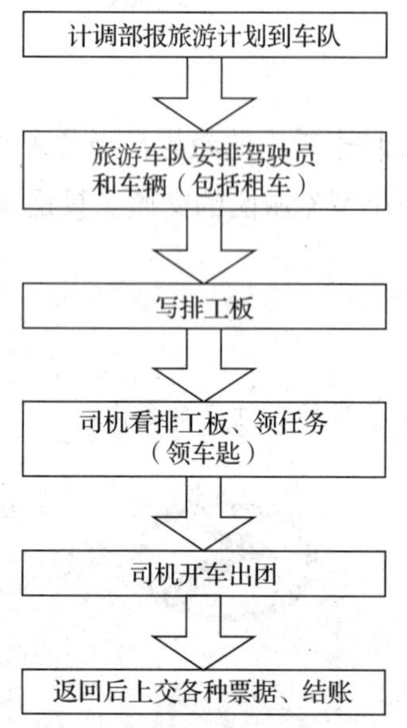

图 7—7　旅游公司自有车队工作程序

知识链接

车队是对时间要求非常严格的部门。有时出车晚 10 分钟，就可能造成旅游团误机的重大事故。因此，在车队工作要特别守时，注意掌握好出车时间。车队人员如果发现车队长排工有误，要及时主动地提出，助其迅速改进，防患于未然。某些驾驶员连续多日出车，相关人员应及时反映，请车队长妥善安排，以免驾驶员疲劳驾驶发生事故。

二、专业旅游汽车公司工作程序（见图 7—8）

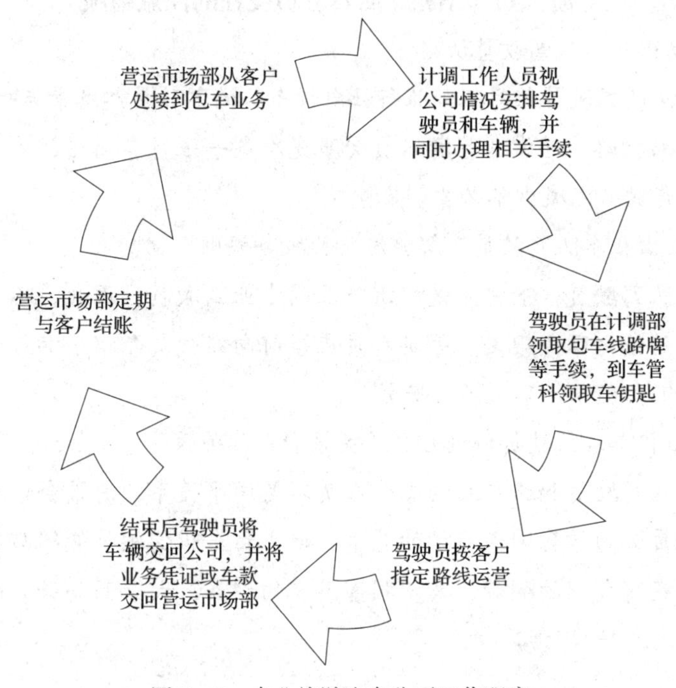

图 7—8　专业旅游汽车公司工作程序

拓展活动

如图 7—9 所示，扮演导游人员，进行每日团队集合上车前，提醒驾驶员做好各项准备工作的练习。

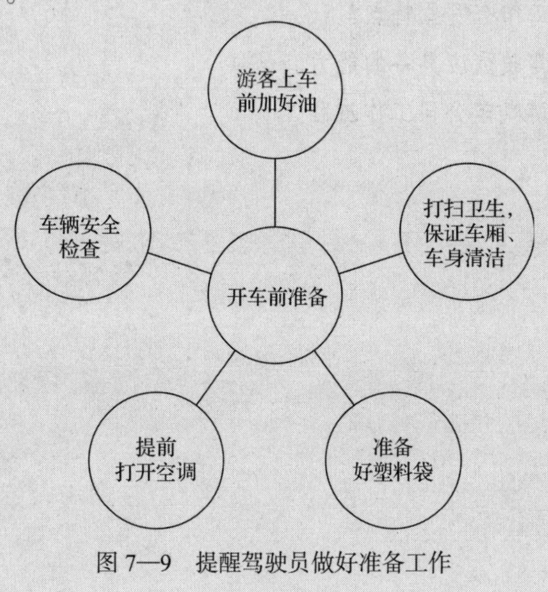

图 7—9　提醒驾驶员做好准备工作

知识链接

导游人员与出租车队驾驶员交往的注意事项

1. 协助出租车队驾驶员认路

出租车队的驾驶员相对不如旅行社自设车队的驾驶员熟悉景点路线，因此，需要导游帮助指路。通常，导游人员会事先准备一张行车简图，要求驾驶员按规定的道路行驶，以减少不必要的麻烦。

2. 协助出租车队驾驶员了解旅游行业服务规则

出租车队驾驶员一般都不是旅游行业的专业驾驶员，因此，不了解旅游行业对驾驶员的旅游服务规定。导游人员应事前向驾驶员介绍旅游行业驾驶员的有关服务规定，确保行车顺畅、安全。

3. 帮出租车队驾驶员协调好利益关系和人际关系

出租车队驾驶员和旅行社的工作人员不是同事关系，通常会计较报酬的多少。导游人员必须学会沟通协调的艺术，使出租车队驾驶员能够与自己同甘共苦，既使其获得合理的酬劳，又不损害游客的利益，大家高高兴兴而来，高高兴兴而游，高高兴兴而归。

思考与练习

1．旅游车队一般分哪几类？

2．旅游车队的工作有哪些特点？

3．简述旅游车驾驶员应具备的能力。

4．简述专业旅游汽车公司工作流程。

第八章

后勤部和财务部

chapter 8

后勤部和财务部在企业内部属职能部门，后勤部主要负责后勤保障，财务部主要负责本机构的财务管理。后勤部和财务部均直接作用于旅行社内部其他部门，对其他部门的正常运作起到至关重要的作用。

学习目标

- 熟悉后勤部工作的分类、内容和注意事项
- 了解财务部门日常工作的主要内容
- 熟悉旅行社成本费用构成、营业收入与利润的计算方法
- 掌握导游报销旅行社团款须履行的手续

第一节 后 勤 部

一、后勤部职责

1．管理团队常规物资

（1）管理歌本、导游旗、手持扬声器等

1）歌本不是每位游客人手一本的，而是大约 10 人一本，歌本是消耗品，带团完成后不必拿回来。

2）导游旗是每次出团后应该拿回来的物品，导游人员应妥善保管。

3）手持扬声器不是每个团都要用的，也不是每个导游都要用的，所以一般旅行社会备一定数量的手持扬声器，导游出团需要用时就去登记借用。

（2）管理广告单张、资料夹、各类表格和单据等

后勤部还有很多纸张资料需要管理，主要是旅行社的各种宣传单张，有些是长期使用的，有些是一段时间使用的，后勤部人员有责任通知前台和广告部这些资料的余量，有期限要求的要尽量及时使用完，如国庆节的促销广告在国庆假期后就会失去使用价值。

有的旅行社除了这些分散的资料，还有成本的资料夹、讲义夹，用来整理和收集多张宣传资料，送给顾客浏览。后勤部人员的责任是保证促销人员每次需要时都能及时提供这些资料，这就要求后勤部常清点库存，一旦发现存量不多，就要及时通知广告部门尽快重印或设计新的宣传资料。

除了这些宣传资料，还有许多空白表格也是需要后勤部门管理的，其中最重要的是游客报名表，另外还有团队质量调查表、导游出团报告、借款单、汇总表等。

（3）管理节假日的促销礼物

遇重大节日时，旅行社都会制作一批礼物寄给大客户，或由导游人员、经理亲自上门回访客户，这也是与客户增进感情的一种方式。如旅行社一般会在春节印年历或台历，印刷图案除了选取自然风景，有的旅行社也会收集导游人员或游客亲自拍的照片（见图 8—1）。

图 8—1 精美的台历

大型的旅行社还会印笔记本和定制各种款式的笔（见图 8—2），上面印有旅行社的标志和电话号码，将这些办公用品送给客户，起到宣传促销的作用。

图 8—2 旅行社定制的笔和笔记本

另外，有时旅游团队会举办一些小活动，导游人员需要发给游客一些小礼品，鼓励他们参与活动。这一类小礼品主要包括钥匙扣、小梳妆镜、名片夹、领带夹等（见图 8—3），小礼品还可以根据各地游客的喜好定制。

图 8—3 各种小礼品

（4）管理旅行社的制服等

大型旅行社的工作人员一般配备制服（见图 8—4），所以后勤部的一个重要工作就是把这些制服集中送洗，准时取回，保证使用。离职员工交回的制服也需由后勤部保管。

图 8—4　旅行社制服

（5）管理书籍资料

每个旅行社都会有不少旅游方面的书籍资料，一是备导游人员查找信息之用，二是提供给员工阅读，扩大知识面，提高整体素质。

有些大型旅行社拥有独立的小型图书馆，这些图书资料也是由后勤部管理的。后勤部人员需要做好分类归档工作，便于使用者查找。书籍资料的借出和归还都要做好登记工作。

2．总机服务

大中型的旅行社会设 24 小时值班服务的总机，方便顾客咨询和旅游团遇突发事件时同旅行社沟通。

总机常常是由后勤部门管理的，有些旅行社直接由后勤部人员担任总机话务员。旅行社的总机与一般企业的总机要求略有不同，除需要具有一般的电话接待能力外，还要有较强应变处理的能力和具备旅游线路等相关知识。

拓展活动

请几位同学分别扮演后勤部人员、导游人员、前台工作人员、经理等。

导游员：多给几顶帽子吧，顾客总弄丢。

后勤部人员：（思考怎样回答）

经理：我们还剩多少报名表，需不需要再定做了？

后勤部人员：（思考怎样回答）

前台工作人员：导游穿的制服好漂亮啊，能不能发给我一件啊？

后勤部人员：（思考怎样回答）

二、后勤部工作注意事项

物料的计划、跟催、管理与库存控制是旅行社管理的一个重要项目。在当今微利时代，如果旅行社的生产物料没有做到合理的计划，损耗没有得到良好的控制，或者库存出现大量的呆料、滞料及周转率低下，则旅行社利润会更低。这就要求后勤部工作人员要掌握仓储业务的规范操作程序、仓库合理的规划方法，使有限的仓库发挥更大的效用。同时还要掌握各种物资的维护方法，做好跨部门协作和沟通工作，以提高服务水平与快速反应能力。

作为一名后勤部工作人员，应熟悉物资的用途和归类摆放，能在最短的时间内拿到所需的物品，收发物资时应注意其数量和物品的完整性。当发现货物缺失时，应立刻进行调查。此外，后勤工作人员一定要做到克己奉公。

1．仓管管理原则

（1）准确地做好物资进出仓库的账务工作。

（2）严格按照验收要求做好物资验收工作。

（3）不符合订购要求的或不合格的物资坚决不予验收。

（4）认真做好仓库季度报表、年度报表工作。

（5）认真做好仓库物资的分类摆放工作。

（6）认真做好仓库安全防范及仓库卫生工作。

（7）认真做好物资发放工作。

（8）认真做好不合格物资的退货工作。

（9）避免重复领取和物资浪费。

（10）认真做好工具和器材的借收登记工作。

（11）有责任提出仓库管理的合理建议。

（12）认真配合各部门做好各种物资的管理和保护工作。

2．物资堆放原则

（1）用“可靠、方便、通风良好”的原则合理安排垛位。

（2）按物资品种、规格、型号等分门别类进行堆放，要做到过目见数、取用和盘点方便。

（3）建立码放位置图和物料卡，并置于明显位置。

（4）库存物资在装卸、搬运过程中要轻拿轻放，不可倒置，要保证完好无损。

（5）尽可能及时核对库存账目，每日根据出入库凭单及时登记核算，月终结账和实盘完毕后与财会部门对账。

（6）经常检查仓库内温度、湿度，保持通风。

案例参考

仓库堆放不合理，引发火灾

记者从省消防总队了解到，蚌埠市太平街火灾事故原因已经查明。由于蚌埠太平街市场摊位经营户主仓库管理混乱，多种物资堆放在一起，碰倒整件捆装的手套压住打火机，引起火灾。

11月20日上午10点多，摊主正给前来批发小商品的客户搬货，其间不慎碰倒整件捆装的手套，手套倒向182号摊位北侧的半袋打火机，随后引燃手套等可燃物（见图8—5），导致火灾发生。

火灾发生后，尽管经营户立即扑救，但火势仍继续蔓延。由于摊位多是手套、胶带等易燃商品，火势迅速蔓延，烧至邻近摊位，最终造成了重大火灾。

图8—5　火灾发生原因

3. 总机工作注意事项

（1）电话铃响及时接听，注意铃响不可超过3声。

（2）用清晰、友好的声调转接电话，礼貌应答，平等待客，耐心细致，讲究效率。

（3）正确操作话务台，掌握话务台的各项功能、操作使用程序和注意事项。

（4）按工作程序迅速、准确地转接每一个电话，保证联络畅通，并做好各项记录。

（5）熟悉本旅行社内部组织机构、服务设施、服务项目和服务程序。

（6）熟悉本旅行社主要负责人和各部门经理的分机号码、姓名和声音。

（7）遵守企业的保密制度，不能有意或无意泄露客户的任何资料。

（8）避免向外界泄露本旅行社高级行政人员的联系方式等。

（9）遇突发事件，应及时汇报，通知有关部门领导，并记录于交班本上。

（10）执行交接班制度，对重点情况重点交代，保证工作的准确性和连续性。

（11）爱护总机设备，保证设备整洁、畅通，保证其正常工作。

（12）保持工作岗位的清洁卫生。

（13）不得在电话中谈及与工作无关的事情。

拓展活动

假定你应聘成为一家旅行社的工作人员，工作内容是管理仓库，经理委托你写一份"进入仓库规定"，用来贴在门口给进出人员一个警示。请拟稿。

第二节　财　务　部

一、财务部门职责

旅行社在生产经营过程中的筹资、投资、营运、利润分配等经济活动称为旅行社财务活动。旅行社在生产经营过程中和企业内外各方面的投资者，债权人，国家工商、税务等主管机关，供应商和经销商等经营伙伴，消费者，企业管理层，员工之间发生的经济利益关系称为旅行社财务关系。旅行社财务部门的工作就是组织好旅行社财务活动、处理好旅行社财务关系，具体表现为以下两点：

1．旅行社资金营运

旅行社资金营运涉及企业的一切经营活动。营运的资金主要包括现金开支、应收账款等。

（1）现金开支

根据预算，旅行社为营业需要而购置固定资产、物料用品、低值易耗品等存货的现金支出，还需支出员工的工资和福利、管理费用，以及缴纳营业税、利息等，这些都用现金支付。

为力求使现金能得到最合理的利用，让每一笔闲置资金都能得到最高的收益，财务人员必须加强对现金流动的控制，最方便可行的方法是使用现金收支日报表。

（2）应收账款

应收账款是指旅行社因对外销售商品、材料、供应劳务及其他原因，向供货单位和接受劳务的单位及其他单位、个人收取的款项，包括应收账款、应收票据、其他应收款。

按商品买卖方式，一般来说，都是一手交钱一手交货。过去，旅行社采用的也是传统的买卖方式，客户参加旅游团，先签合同并交足团款，后旅游。但旅游商品毕竟与一般的商品有一定区别，在旅游不成熟时期，往往出现顾客交足团款后参加完旅游团才发现名不符实。针对此种情况，现在很多旅行社都会对老客户实行先旅游后付款的承诺，或是先交一部分的团款，待旅游回来后再补交另一部分团款。这样一来，确实是方便了广大游客，也保证了广大游客的利益，但这却给旅行社的财务造成了一定的影响，出现应收账款。

而旅行社与旅行社之间也同样存在应收账款，例如，作为组团社发团给地接社操作，一般也是在团队到达前组团社应支付一部分的团款，行程结束后团队离开前付清余款。当然，在市场经济条件下，存在着激烈的商业竞争，这就要求旅行社加强财务检查，控制应收账款的收款期，降低坏账的风险。最好是做到一团一清、团到款清。坚持每团填写报价、成本、利润一览表，接团前交财务，由财务审核监控，接团后3天内进行报账及成本核算，不留操作死角，不欠账也不赊账，规范管理。

2. 旅行社成本费用计算

（1）旅行社成本的概念

旅行社成本就是营业成本，是指旅行社在一定时期内的接待经营过程中为顾客提供劳务而发生的各项费用的总和。旅行社经营目标是获取利润，而提高收入、降低成本费用是增加利润的基础。

（2）旅行社成本费用的内容及分类

旅行社成本费用的内容及分类见表8—1。

表8—1 旅行社成本费用的内容及分类

分类标准	分类	内容	
按用途	营业成本	直接用于接待顾客的费用	门票、住宿费、交通费、餐费、导服费等
	营业费用	经营部门在经营过程中发生的各项费用支出	能源、折旧、物耗、业务员的提成等费用
	管理费用	为组织管理经营活动而发生的费用及由旅行社统一负担的费用	办公差旅费、水电费、房租费、工商年审费等费用

续表

分类标准	分类	内容	
按用途	财务费用	为筹集资金而发生的费用	利息净支出、汇兑净损失、金融机构手续费等
按成本费用和业务量的关系	固定成本	不随业务量变动，保持稳定不变的成本	工资、福利、折旧费、保险费等
	变动成本	总额随业务量变化而保持正比例变动的成本	物料消耗、水电费等

（3）成本统计和核算

旅行社计调人员对旅游产品所报的价格，往往是预估价格，具有一定的弹性余地。旅游团旅游结束后，财务人员算出的价格才是旅游产品最准确的价格。

有的旅行社的财务人员每天都须在下班之前汇总每日的经营情况，如收客情况，出发的团队，订房、订车等业务情况，排好业务号（团队员）制作统计表，每月汇总后交财务会计计算成本，做到“分团核算，一团一清”。

3．旅行社营业收入与营业利润

营业收入是反映旅行社经济效益的基本指标之一，也是旅行社利润的主要来源。营业收入的多少直接关系到旅行社资金的积累，是旅行社增强自我发展能力，扩大经营规模的前提。

（1）营业收入的构成

旅行社的营业收入是指旅行社在一定时期内，由于向游客提供服务而获得的全部收入。主要有以下几部分：

1）综合服务费收入。指为旅游团（者）提供综合服务所收取的费用，包括导游费、餐饮费、市内交通费、全程陪同费、组团费和接团手续费。

2）房费收入。指旅行社为游客代订饭店的住房后，按照游客实际住房等级和过夜天数收取的住宿费用。

3）城市间交通收入。指游客为旅游期间在旅游客源地与旅游目的地之间及在旅游目的地的各城市或地区之间乘坐各种交通工具所付出的费用而形成的收入。

4）专项附加费收入。主要指旅行社向游客收取的汽车超公里费、风味餐费、特殊游览门票费、文娱费、专业活动费、保险费、不可预见费等收入。

5）单项服务收入。主要指旅行社接待零散游客和委托代办事项所取得的服务收入，代理代售国际联运客票和国内客票的手续费收入以及代办签证收费等收入。

（2）营业利润

旅行社营业利润是指营业收入扣除营业成本、营业费用、营业税金、管理费用和财务费用后的净额。营业利润代表了旅行社新创造的财富，利润越多，财富增加得越多。同时，旅行社员工的经济利益同旅行社实现利润的多少紧密地结合在一起。在切实保障旅游服务质量和员工合法权益、公共利益的前提下追求利润最大化是旅行社的一切经营活动的目标，并用此目标来指导和控制旅行社的一切经营活动。

旅行社的利润产生于各项综合服务之中，因为旅行社是服务性质的经济文化事业，为客户提供服务是产生利润的根本。旅行社的利润点主要有：

1）订房、订车、订餐的服务费。很多旅行社都设有商务中心，专门为游客提供订房、订车和订餐服务。由于宾馆、酒店、汽车公司与旅行社有长期合作关系，所以为旅行社提供的房、车费用要比游客预订优惠很多，特别是在旅游旺季时，通过旅行社订房一般都能保证有房，而游客自己去订房时，往往会出现无房可订的情况，给出行带来不便。

2）购票服务手续费。

3）导游服务费。对国内旅游团队，导游服务费一般按 8 元 / 人 / 天收取，也有的按团体行程收 10 元 / 人 / 天或 12 元 / 人 / 天不等。如 20 人的旅游团游 2 天，导游服务费为 20×8×2=320 元 / 团。这 320 元要按有关规定付给聘用的导游员 80 元 / 天 × 2 天 =160 元，余下 160 元作为旅行社利润。

4）团体门票折扣费。每个旅行社对此的做法都不尽相同，有的旅行社在报价时，报给客户的只是景点的门票价格，而门市票与旅行社拿的合同价之间的差价就为旅行社营业利润。现在很多景点的团体优惠价很透明，故有的旅行社就直接采取告之客户景点门票折扣价，在折扣价上提高 5 元、10 元不等，但决不会高于门市价，让客户明明白白消费。还有的旅行社采取量大回折的做法。如广州某人造主题公园门票的门市价为 160 元，旅行社团体优惠价为 128 元。旅行社在组团时直接报给顾客门票为 128 元，那么旅行社在该景点上是如何取得利润的呢？那就要看该旅行社每年发团总人数了。该主题公园会与旅行社签协议，如果旅行社每年发团总人数超过约定人数，那么景点会返回 1 元 / 人给旅行社。或者景点不返还佣金，而是采用赠送门票的方式，激励旅行社组织更多的旅游团。

除此外还有委托办证费，顾客委托旅行社承办的业务较多，例如，出国护照的签证、港澳通行证的签注、自由行的办理等。

还有的旅行社是用所有的成本价计算，最后加上利润，得出产品线路的报价。这样的计价方法简便，方便了财务人员的结算，同时产品线路报价透明，旅行社明明白白赚钱，游客明明白白消费。

知识链接

财务管理制度

第一条 为加强旅行社固定资产、材料、低值易耗品、办公用品的管理，保证物资及时供应、合理分配使用，满足生产、经营的需要，提高旅行社整体经济效益，根据国家有关规定，结合旅行社实际情况，特制定本办法。

第二条 旅行社将物资分成四大类：固定资产、材料、低值易耗品及办公用品。

第三条 旅行社财务工作人员职责

（一）认真贯彻执行国家有关的财务管理制度。

（二）建立健全财务管理的各种规章制度，编制财务计划，加强经营核算管理，反映、分析财务计划的执行情况，检查监督财务纪律。

（三）积极为经营管理服务，促进旅行社取得较好的经济效益。

（四）任何人不得擅自挪用公款，不得损公肥私，一经发现处以 1 000 元的罚款。

（五）厉行节约，合理使用资金。

（六）合理分配旅行社收入，及时完成需要上缴的税收及管理费用。

（七）遇有关工商及财政、税务、银行部门了解、检查财务工作时，应主动提供有关资料，如实反映情况。

（八）会计要按照国家会计制度的规定记账、复账、报账，做到手续完备，数字准确，账目清楚，按期报账。

（九）会计要按照经济核算原则，定期检查，分析旅行社财务、成本和利润的执行情况，挖掘增收节支潜力，考核资金使用效果，及时向旅行社经理提出合理化建议。

（十）会计要妥善保管会计凭证、会计账簿、会计报表和其他会计资料。

（十一）完成分公司交给的其他工作。

二、财务部日常操作规范

导游带完团后还有一项重要的工作就是到财务部门去结算团款。导游要按旅行社的有关规定，在报销日期内到财务部去结账，只有在导游结完账后，财务人员才能最终算出一个旅游团的实际成本与最终利润。

不同的旅行社报账的程序各不相同，报销单的制作与填写要求也不尽相同，但一般都包括以下几步：

1．出团前借款

导游员在接到出团通知后，在旅游团出发前须到财务部借款，款项用于团队的现金支出，如现付租车费用、现付路桥费和停车费，以及导游的出团补助等。填写借款单（见表8—2），要求填写正确，没有涂改，用蓝色或黑色水笔填写，字迹清晰。按旅行社的要求，借款单上还须有相关的借款证明人或领导批示并签字。一切填写妥当后，将借款单送财务工作人员手中。

财务工作人员根据团队业务号，在审核后借出相应的金额，导游人员应当面点清所借现金，借款单则由财务人员保管。

表8—2　　××旅行社借支单

年　月　日

借款人		部门		职务		工号	
借支金额	大写人民币：　万　仟　佰　拾　元　角　分　　小写：						
借款原因							
还款日期							
主管部门意见					签名：		
会计审核					签名：		
经理审批					签名：		

出纳：　　　　　　　　　　　　借款人签名：

2．带团过程中保管好发票单据

如果旅游团队是现付餐费的，导游人员一定要在团队用完餐付费后，记得向餐厅索要正式的用餐发票（要能辨别发票的真伪）。有的导游人员因为平时没有养成索要发票的习惯，或是因为大多数旅游团的餐费是由导游人员签单，餐厅定期与旅行社结算，故当须现付餐费时，就会发生导游人员忘记索要发票的情况，这样势必给以后的报账工作带来麻烦。

导游人员在带团中还要熟记自己常去的线路大概需要多少路桥费，应该做到心中有数。与驾驶员结算路桥费时，除点数清楚票据的金额外，还须核实车型、时间等信息。

3．带团后填写费用报销单和成本报销单

旅游团旅游结束后，导游员凭各种单据（包括人数确认单）到财务部结账、报销。先填写旅游团成本报销单、导游出团补助报销单，并将各种票据整理粘贴好，再签上报销人的名字，如果是代报销，要签上自己的名字再写上所代人员的名字。交予负责此团队的计调人员签字，再由财务人员审核后，由财务部负责统计的工作人员复核，最后由财务主管（有的旅行社是由总经理或负责财务的副总经理或财务总监）审批后签名确认，再到财务部将单据入账，依据导游出团前的借款多退少补。

案例参考

一张假路桥收费单

某旅游学校的学生刘钢，这天到实习的旅行社报销 3 天前带团产生的费用。这次他很细心地计算清楚了各项支出的费用，实际支出的金额与结余金额的总和与借领的现金是一致的。刘钢放心地把报销单据及余款交给了财务部的小陈。小陈审核完报销单无误后，再一张一张地审核报销单背面粘贴的各种门票结算单、餐费发票、停车费发票，当她看到路桥费发票时，发现有一张 30 元的路桥收费单似乎有些不对劲，再拿到灯光下终于看清了，原来这张路桥收费单确是由收费站开出的，但是日期上却被人做过了手脚，应该是用钝物轻轻刮去原有的数字，再用黑色的墨水填上另一组数字，不细心辨别还真发现不了。实习生刘钢说，那天出发前他按照以往带团的惯例，事先给了驾驶员 500 元作为路桥费，等团队结束后多退少补。

送完顾客后驾驶员与他结算路桥费，拿了一沓路桥发票给他，他核算过每张票的金额后，驾驶员退还了余额。小陈要刘钢回忆带团的那天此张路桥费标明的时段里，旅游车是否路过收费站，可刘钢哪里还记得？于是小陈并没有把此张发票计算在支出的费用里。为了弄清情况，小陈好心地留下这张改动过的发票，用电话通知车队的负责人抽空过来辨认此张发票。第二天，车队的负责人来到旅行社，确认发票上标明的收费站不属于刘钢所带旅游团的旅游线路所经过的收费站。车队的负责人在与驾驶员取得电话联系后，收回了这张问题发票，并返还了 30 元现金。

点评：导游人员报销时应注意的事项：

1. 借款金额与实际支出金额和余款数目相等，实际支出金额与发票金额总和相等，导游人员一定要计算清楚。

2. 签名是否签齐。有的旅行社对此要求相当严格，报销单上缺少任何一个签名，导游人员都无法报账。

3. 导游人员切记要拿回借款单，否则如果在财务处还留有借款单，财务有权凭单追回“欠款”。有的旅行社会在导游人员报销完后，借款单不交予导游人员，而是将借款单标记注销，导游人员要确认自己填写的借款单确实已被注销。

拓展活动

请根据以下旅游团实际操作情况填写旅行社费用报销单和团队成本报销单。

1. 假设你刚带完一个18人的广东中山、珠海两日汽车旅游团，出发前向财务部借款20 000元。团队实际支出：

餐费：4正餐，餐标25元/人（现付）

住宿费：一晚，房费180元/间（含早）（现付）

导游服务费：80元/天（现付）

租车费：2 600元/辆（25座，旅行社与车队月结）

门票费：中山珍珠乐园48元+环岛游、圆明新园套票85元+御温泉95元（现付）

路桥费：240元（现付）

2. 假设你刚带完一个40人的广东韶关3日汽车旅游团，出发前向财务部借款30 000元。团队实际支出：

餐费：5正餐，餐标20元/人（现付）

住宿：一晚，房费150元/间（含早）（现付）

导服费：80元/天，驾驶员和地陪（司陪）补助餐费：20元/人（现付）

租车费：5 200元/台（45座）（旅行社与车队月结）

门票：丹霞山套票96元+南华寺20元（现付）+梅关10元+珠玑巷10元+曹溪温泉100元

路桥费：800元（现付）

××国际旅行社费用报销单

用途：　　　　　　　　　　　　　　　　　　　　填报日期：　　年　月　日

项目	单据数量	金额（元）		
			备注	
			领导审批	

金额合计：　拾　万　仟　佰　拾　元　角　分（¥　　　　）

财务主管：　　　　复核：　　　　证明：　　　　报销人：

××旅行社团队成本报销单

填报日期：20　年　月　日（实报：　　　）

<table>
<tr><td>姓名</td><td></td><td>团号线路</td><td></td><td>人数</td><td></td><td>业务号：</td></tr>
<tr><td>起止日期</td><td colspan="5">自20　年　月　日起至20　年　月　日止共　天，附单据　张</td><td>备注</td></tr>
<tr><td>支出项目</td><td>数量</td><td>金额</td><td>支出项目</td><td>数量</td><td>金额</td><td rowspan="3">借领现金　　元
实际支出　　元
结　　余　　元</td></tr>
<tr><td>门票</td><td></td><td></td><td>路桥费</td><td></td><td></td></tr>
<tr><td>住宿费</td><td></td><td></td><td>停车费</td><td></td><td></td></tr>
<tr><td>餐费</td><td></td><td></td><td>驾驶员住宿费</td><td></td><td></td><td>领导审批</td></tr>
<tr><td>综合服务费</td><td></td><td></td><td>租车费</td><td></td><td></td><td></td></tr>
<tr><td>机场税</td><td></td><td></td><td></td><td></td><td></td><td rowspan="3"></td></tr>
<tr><td></td><td></td><td></td><td></td><td></td><td></td></tr>
<tr><td></td><td></td><td></td><td></td><td></td><td></td></tr>
<tr><td>合计</td><td colspan="6">人　民　币：　万　仟　佰　拾　元　角　分（¥　　　）</td></tr>
</table>

财务主管：　　　　复核：　　　　证明：　　　　报销人：

思考与练习

1．后勤部的日常工作有哪几大类？

2．什么是旅行社成本？旅行社营业收入由哪几部分构成？

3．旅行社的利润主要从哪里来？

4．导游到财务部结账时需要注意哪些事项？